国家高技术研究发展计划（863 计划）课题
(2012AA011104）资助出版

HNC
概念层次网络

基于HNC的现代汉语句子级语义标注语料库的研究和建立

RESEARCH ON SENTENCE CORPUS WITH SEMANTIC ANNOTATION BASED-ON HNC THEORY

自然语言处理资源建设

刘智颖 ◎ 著

中国社会科学出版社

图书在版编目(CIP)数据

基于 HNC 的现代汉语句子级语义标注语料库的研究和建立 / 刘智颖著.
北京：中国社会科学出版社，2015.2
ISBN 978-7-5161-5576-9

Ⅰ.①基… Ⅱ.①刘… Ⅲ.①汉语-语料库-研究 Ⅳ.①H1

中国版本图书馆 CIP 数据核字(2015)第 032779 号

出 版 人	赵剑英
责任编辑	任　明
特约编辑	付　钢
责任校对	季　静
责任印制	何　艳

出　　版	中国社会科学出版社
社　　址	北京鼓楼西大街甲 158 号（邮编 100720）
网　　址	http：//www.csspw.cn
	中文域名：中国社科网　010-64070619
发 行 部	010-84083685
门 市 部	010-84029450
经　　销	新华书店及其他书店

印刷装订	北京市兴怀印刷厂
版　　次	2015 年 2 月第 1 版
印　　次	2015 年 2 月第 1 次印刷

开　　本	710×1000　1/16
印　　张	12
插　　页	2
字　　数	203 千字
定　　价	55.00 元

凡购买中国社会科学出版社图书，如有质量问题请与本社联系调换
电话：010-84083683
版权所有　侵权必究

前　　言

　　本书针对自然语言处理中资源建设方面的不足，研究建立句子级语义标注语料库。从语义的角度、句子的层面对真实文本语料进行自上而下的加工标注，最终形成具有一定规模的基于 HNC 理论的现代汉语句子级语义标注语料库。

　　基于 HNC 的现代汉语句子级语义标注语料库是以 HNC（Hierarchical Network of Concepts，概念层次网络）理论为指导，以句子为标注的基本单位，为连续文本语料标注语义框架信息的语料库。为语料库中的连续文本标注的信息所提供的丰富的语义知识，不仅对于计算机理解语义，而且对于语言学工作者也是一个非常宝贵的资源。

　　本书在 HNC 理论句类体系的基础上，重点研究了句子级语义标注语料库的标注内容、标注方法和标注难点，确定了 XML（Extensible Markup Language，可扩展标记语言）的标注规范，进行了语料库查询工具的功能设计。研究内容主要有以下几个方面：

　　（1）确定了语料库的标注内容，在 HNC 理论的指导下，以句子作为标注的基本单位，分别从语言空间和语言概念空间进行结构和语义两方面的标注；

　　（2）分析了语料库的标注难点，探讨了语义块核心要素部分的缺省问题、包装成分和分离成分的判定问题、的字短语和所字结构的标注问题、与句式有关的句类判定问题等标注难点，给出了自己的标注方案；

　　（3）建立了语料库的 XML 标注规范。从篇章段落、句子、语义块、块素等层级确定了 XML 标注元素及属性；对元素和属性进行了 Schema 模式定义，保证了文档的有效性和良构性；用 XSL 进行 XML 语义标注语料库的结构转换，使 XML 语义标注语料库呈现出用户所需要的表现形式；

　　（4）设计了语料库的管理工具，为语料库使用者提供相应的语料库管理及查询功能，方便用户从语料库中检索到自己想要的信息，最大限度地发挥语料库的使用价值。

　　句子级语义标注语料库的建设填补了中文信息处理资源建设的一项空白，它不仅对 HNC 理论的学习和 HNC 句类分析系统的完善具有重要意义，而且也可以为广大的语言学工作者进行语言研究提供帮助。该语料库的建设对整个中文信息处理乃至语言教学与研究都具有重要的意义。

　　本书对语义标注语料库的构建研究是基于作者对 HNC 理论和语料库的理解，由于本人水平有限，难免存在错误或不当之处，敬请读者批评指正。

目　　录

第一章　绪论 ……………………………………………………（1）
　第一节　中文信息处理的研究热点 ………………………………（1）
　第二节　基于 HNC 的现代汉语句子级语义标注语料库 ………（2）
　第三节　本书的研究内容 …………………………………………（4）
　　一　标注项 …………………………………………………………（4）
　　二　标注方式 ………………………………………………………（6）
　　三　管理工具功能设计 ……………………………………………（7）
　第四节　已有的研究 ………………………………………………（7）
　　一　现代汉语词义标注语料库 ……………………………………（9）
　　二　汉语框架语义标注语料库 ……………………………………（9）
　　三　语义结构标注语料库 …………………………………………（10）
　第五节　本书的结构安排 …………………………………………（10）

第二章　HNC 理论及其句类思想 ………………………………（12）
　第一节　HNC 理论简介 ……………………………………………（12）
　第二节　HNC 的句类思想 …………………………………………（13）
　第三节　句类及句类知识 …………………………………………（14）
　　一　基本句类 ………………………………………………………（15）
　　二　混合句类 ………………………………………………………（16）
　　三　复合句类 ………………………………………………………（18）

第三章　HNC 语义标注语料库的设计 …………………………（19）
　第一节　语料的采集 ………………………………………………（20）
　第二节　语料的加工 ………………………………………………（22）
　　一　标注规模 ………………………………………………………（22）
　　二　标注特点 ………………………………………………………（23）
　　三　标注形式 ………………………………………………………（25）

第四章　HNC 语义标注语料库的标注规范 ……………………… (27)
第一节　XML 语言介绍 ……………………………………… (27)
　　一　XML 的历史 …………………………………………… (27)
　　二　XML 的内容 …………………………………………… (29)
　　三　XML 的特点和优点 …………………………………… (30)
第二节　HNC 语义标注语料库的 XML 标注规范 ………… (34)
　　一　XML 文档 ……………………………………………… (34)
　　二　Schema 模式 …………………………………………… (40)
　　三　XSL 转换 ……………………………………………… (46)
第五章　HNC 语义标注语料库的标注 ………………………… (56)
第一节　标注内容 ……………………………………………… (56)
　　一　篇头信息 ……………………………………………… (56)
　　二　篇体信息 ……………………………………………… (57)
第二节　标注难点 ……………………………………………… (87)
　　一　语义块核心要素的部分缺省 ………………………… (88)
　　二　包装品与分离语 ……………………………………… (92)
　　三　"的"字短语 …………………………………………… (99)
　　四　"所"字结构 …………………………………………… (104)
　　五　基于全句理解的句类 ………………………………… (109)
第六章　语料标注工具的设计与使用 …………………………… (116)
第一节　TXT-XML 文档的转换 …………………………… (116)
第二节　XMLSpy 标注工具的使用 ………………………… (119)
　　一　XMLSpy 工具介绍 …………………………………… (119)
　　二　语料的标注 …………………………………………… (119)
　　三　检查与验证 …………………………………………… (126)
第七章　HNC 语义标注语料库查询工具 ……………………… (129)
第一节　查询工具的特点 …………………………………… (129)
　　一　快捷的查询速度 ……………………………………… (130)
　　二　友好的查询界面 ……………………………………… (131)
　　三　强大的查询功能 ……………………………………… (132)
第二节　查询工具的功能设计 ……………………………… (132)
　　一　数据的存储 …………………………………………… (132)

二　数据库的操作 …………………………………… (132)
　　三　语料查询 ………………………………………… (134)
第八章　HNC语义标注语料库的应用 ………………………… (147)
　第一节　在语言本体研究方面的应用 ……………………… (148)
　第二节　在中文信息处理方面的应用 ……………………… (149)
　第三节　在语言教学方面的应用 …………………………… (151)
　第四节　结语 ………………………………………………… (153)
附录 ……………………………………………………………… (154)
　附录1　HNC句子级语义标注语料库的XML规范 ………… (154)
　附录2　HNC句子级语义标注语料库标注文档示例 ………… (165)
参考文献 ………………………………………………………… (173)
后记 ……………………………………………………………… (181)

图表目录

表3-1	语料库文本的文体分布情况	(20)
表3-2	语料库文本的领域分布情况	(21)
表3-3	语料库文本的时间分布情况	(22)
表3-4	语料库文本的数据来源情况	(22)
表7-1	路径表达式及其实例	(134)
表7-2	带谓词的路径表达式	(135)
图5-1	HNC句子类型分类	(57)
图5-2	共享句的表示	(76)
图6-1	转换前的文本语料	(117)
图6-2	转换后的XML文档	(118)
图6-3	XMLSpy标注界面	(120)
图6-4	创建新文档	(122)
图6-5	选择文档定义模式	(122)
图6-6	关联Schema文档	(122)
图6-7	关联了Schema文档的Text视图	(123)
图6-8	关联XSL文档	(123)
图6-9	关联了XSL文档的Text视图	(123)
图6-10	Info窗口	(124)
图6-11	必有属性填写	(124)
图6-12	可选属性填写	(124)
图6-13	元素填写	(125)
图6-14	添加句子	(125)
图6-15	添加句内元素及属性	(125)
图6-16	单句完整标注	(126)
图6-17	良构的检查结果提示	(127)

图 6-18　非良构的检查结果提示 ……………………………（127）
图 6-19　错误嵌套 …………………………………………（128）
图 7-1　语料库查询界面 ……………………………………（131）
图 7-2　语料库高级检索查询界面 …………………………（145）
图 7-3　查询结果 ……………………………………………（145）
图 8-1　句类分析系统分析结果 ……………………………（150）
图 8-2　句类分析系统分析结果 ……………………………（151）

第一章 绪论

一直以来,中文信息处理主要集中在词法、句法结构的分析和处理上。随着中文信息处理研究的深入,计算机专家和语言学家越来越体会到,语义在中文信息处理中起着极为重要的作用。认识到中文信息处理要想有所突破,必须关注语义问题。

语言单位上,人们对字和词的处理技术已经比较成熟,在汉字输入与输出、自动分词等方面取得了重大突破,中文信息处理开始向更高的阶段迈进,开始关注对语句的处理。可以说,现在中文信息处理的重心已由词处理阶段向句处理阶段过渡。

第一节 中文信息处理的研究热点

所谓"句处理",可以理解为:怎么让计算机处理、理解自然语言中一个句子的意义,怎么让计算机生成一个符合自然语言规则的句子。(陆俭明,2003)

句处理的难度远远超过字处理和词处理,因为句处理不仅面临着复杂的句法规则问题,更面临着复杂的语义、知识背景、文化背景等一系列问题。现在,在句处理方面已形成多种处理、理解汉语句子的策略和方案——一是以理性主义为哲学基础的基于规则的处理方法,这种方法或是以一定的形式文法系统来表述自然语言中大小成分间的组合规则,或是"以概念化、层次化、网络化(简称'HNC')为基础"来提供概念组合、语义表述的规则;二是以经验主义为哲学基础的基于语料库统计方法,这种方法是以各种统计数据来显示语言成分间的组合可能性。为解决汉语句处理问题,已开发了好几个不同规模的汉语语料库,不同类型、不同规模的现代汉语信息词典。

单纯的以统计方法从语料库中来获得知识,并不能从根本上实现计算机对语言的理解。如何做到让计算机理解语言呢？黄曾阳先生创立的概念层次网络理论（简称 HNC 理论）是关于自然语言处理的理论，其目标是以概念联想脉络为主线，建立一种模拟大脑语言感知过程的自然语言表述模式和计算机理解处理模式，使计算机获得消解模糊的能力。目前 HNC 理论发展日渐成熟，而且已经在实际应用中被证明确实是处理自然语言的一种行之有效的理论。本书的研究就是基于 HNC 理论所进行的。

当前中文信息处理句处理的现状是：服务于句处理的资源建设刚刚起步，而为句处理所提供的语言知识则很欠缺，尤其是语义知识的提供更是一个空白。语料库的建设及应用研究已经成为当务之急。我们的目标是建立一个以句子为标注的基本单位的语义标注语料库。为语料库中的连续文本标注一定的语义信息，将语义信息赋予语料库。这样，计算机可以通过对语料中语义信息的提取达到对语句的理解。本书以 HNC 理论为指导，以句子作为标注的基本单位，为连续文本语料标注语义框架信息，这些标注信息不仅显示了句子的语义结构框架，而且还显示了句子的语义类型，语义块（句子的下一级语义单位）的构成和分离情况等。本语料库的建成不仅对于计算机理解语义，而且对于语言学工作者也是一个非常宝贵的资源。可以说，句子级语义标注语料库的建设填补了中文信息处理资源建设的一项空白，具有开创性意义。

第二节　基于 HNC 的现代汉语句子级
　　　　语义标注语料库

HNC 理论（黄曾阳，2004）认为，自然语言理解是一个从自然语言空间到语言概念空间的映射过程，两个空间各有自己的一套符号体系。语言空间符号体系千差万别，但语言概念空间符号体系全人类只有一个。语言空间依托于语音和文字而存在，语言概念空间依托于概念联想脉络而存在。HNC 设计了对自然语言概念体系进行总体表述的语义网络，并以此为基础，建立了自然语言语句的语义表述模式，构造了句子的语义结构表示式，这些表示式是对语句层面概念联想脉络的形式化表达。语句无限而语句的概念类型（句类）有限，自然无限的句子都可以用有限的句类表示式表示出来。句类是从语言深层对自然语言语句的语义类型所做的分类。

基于 HNC 的现代汉语句子级语义标注语料库（以下简称 HNC 语义标

注语料库）正是以 HNC 理论的句类思想为指导而建立起来的，以句子作为标注的基本单位，对语料进行语义信息标注的语料库。语料标注采用自上而下的标注方式，先标注大的语言单位，再标注小的语言单位。对于连续文本语料来说，先标注篇章、段落，再标注句子，然后是语义块，最后标注词语。HNC 语料库选择以句子作为标注的基本单位，在句子级对语料进行语义标注，因其既是语言理解和表达的基本单位，也是计算机处理自然语言的基本单位。这种标注方式与自下而上的语料标注方式相辅相成，满足了语言本体研究和语言信息处理研究的不同需要。

本语料库采用 XML 作为标注形式。XML（eXtensible Markup Language）是可扩展标记语言的简称，它是一组定义语义标记的规则，这些规则将文档划分为多个部分，并且对文档的不同部分作出标记。XML 非常灵活，我们可以自己定义这些标记及语法结构。通过 XML 的元素和属性对语料进行标注。每个语义单位都由一个特定的元素进行标记，语义知识也通过属性值对进行描述，元素内部可再嵌套元素，这就形成了一个树形结构，显示具有层次性的特点。比如，我们定义 s 元素表示句子（sentence），jk 元素表示广义对象语义块，ek 元素表示特征语义块；每个元素有开始标记和结束标记。句子的句类代码和语句格式用属性/属性值对来表示。方便易读，使句子的语义信息一目了然，一般的语言工作者也能很快理解和掌握。

例如：对于"这是民国六年的冬天"这个句子，我们标注如下：

< s code = " jD" >
< jk type = " 1" >这< /jk >
< ek >是< /ek >
< jk type = " 2" >民国六年的冬天< /jk >
< /s >

全句是一个简单句，我们用 s 元素表示；句子的语义类型（句类）为是否判断句，我们用 s 元素内的属性值对 code = " jD" 表示。此句包含两个广义对象语义块："这"和"民国六年的冬天"，我们用 jk 表示；广义对象语义块在语义表示式中的顺序我们用 type 属性来表示；句子还包含一个特征语义块"是"，我们用 ek 表示。

可以看出，用 XML 标注语料库非常灵活，易标易读，尤其便于计算机对语义信息的提取，是语料标注适合的标注形式。

第三节 本书的研究内容

对自然语言的理解处理最终要靠语义，本书研究的句子级标注语料库以语义为主导，依据 HNC 理论对句子的层次划分方法对语料进行标注。标注的顺序采用自上而下的顺序，从语言层面看，首先标注篇章、段落，再往下一级标注句子，再往下一级是语义块。

一 标注项

以 HNC 理论模式为指导来对句子的语义进行标注，标注项主要有四个：(1) 句类，句子的语义类型；(2) 语义块，句子的下一级语义构成成分；(3) 句蜕，包含在语义块内的子句或其变形；(4) 语义成分的共享，包括句与句之间存在的语义上的关联以及句间语义成分的共享等信息。

（一）句类

HNC 定义的句类是指句子的语义类型。HNC 对句类进行了 2-8-57 的划分，首先将句类分为广义作用句和广义效应句两种类型，再进一步下分为 8 种类型，即广义作用句又分为作用句、转移句、关系句和一般判断句四种类型，广义效应句又分为过程句、效应句、状态句和基本判断句四种类型。对 8 种类型又划分了它们的子类，共有 57 种，称为基本句类。这 57 种基本句类是句子语义的基元类型，可以用它们来描述任何句子的语义类型。自然语言中一个句子的语义类型，可能是某一种基本句类，也可能是某两种或多种基本句类的组合——混合句类。例如：

(1) 美国要攻打伊拉克。(基本作用句 XJ)

(2) 中小型商店难以对抗大型连锁超市。(单向关系句 R310J)

(3) 俄罗斯反对美英对伊拉克动武。 (单向关系＋主动反应句 X21R311*21J)

（二）语义块

HNC 定义的语义块是指句子的下一级语义构成成分。语义块可以是一个词，一个短语，也可以是一个子句或其变形，还可以是三者的组合。不同的句类需要配置不同的主语义块，例如，反应句需配置三个语义块，分别是反应、反应者、反应引发者及其表现；而信息转移句需配置四个语义块，分别是信息转移、转移发出者、转移接收者和转移信息，如下面的例句所示（"｜｜"是语义块之间的分隔符，下同）：

(4) 国际田联｜｜有条件同意｜｜贾亚辛格参加亚运会。（反应句 X20J）

　　反应者｜｜　　反应　　｜｜　　反应引发者及其表现

(5) 一位芬兰同行｜｜兴奋地告诉｜｜记者，｜｜马哈鱼又回到了基米约奇河。（信息转移句 T3J）

　　转移发出者｜｜　信息转移　｜｜接收者｜｜　转移信息

除了标注主语义块外，我们也标注辅语义块成分，辅语义块有7种：方式、工具、途径、比照、条件、因、果。

（三）句蜕

句蜕是指句子蜕化为语义块或语义块的一部分，也就是语义块中包含的句子。如下面的例句所示：

(6) 俄罗斯｜｜反对｜｜｛美国｜攻打｜伊拉克｝。

(7) <生产｜信息技术产品｜的工厂>｜｜都转移到了｜｜国外。

(8) <经济危机｜造成｜的后遗症>｜｜也减轻了。

(9) 这些话｜｜似乎表示了｜｜<他｜对奴隶的生活境况｜的同情>。

例句（6）的大括号内的语义块"美国攻打伊拉克"是原型句蜕，蜕化前后句子的基本形式没有变化。例句（7）（8）（9）中，尖括号内的语义块是要素句蜕，蜕化的方式是把句子的某一个语义块作为中心语，其他的语义块作为修饰语。

在语言理解中，不论是原型句蜕，还是要素句蜕，都应该作为句子来处理，要确定它的句类和各个语义块。因此，在我们的语料中，对句蜕都要作为句子来分析，要标明其句类和语义块。

句蜕如果与其他词语或短语再连接，就成为包装句蜕。如：

(10) 我们的眼睛成为\｛交流感情｝的工具/。

(11) 能耗限制了\<计算机的运行>速度/。

例句（10）中"交流感情"是原型句蜕，与词语"工具"连接，形成原型包装句蜕；例句（11）中"计算机的运行"是要素句蜕，与词语"速度"连接，形成要素包装句蜕。

（四）语义成分的共享

共享现象不仅出现在复句中，单句与单句之间，单句与句蜕（或块扩）之间都可以发生语义块的共享现象。语义块的共享是复句、单句、句蜕（或块扩）共同具有的语义特征。

要描述这一语义信息，我们需对如下几方面做出回答：哪个句子存在语义块的共享现象？它共享了另外句子的哪个语义块？如何表示共享语义块和被共享语义块之间的对应关系？这些都是本书要解决的问题。

二 标注方式

HNC 语义标注语料库在标注方式上从 2005 年开始进行了全面的革新。由原来的纯文本的线性标注更改为采用 XML（可扩展标记语言）格式进行标注。本书主体部分将全面介绍 XML 标注及检查规范。

采用 XML 语言进行标注，不仅可以更加清楚细致地表明语义成分及各部分的关系，而且 XML 其数据和显示形式相分离的特点，为数据的共享提供了可能。使 HNC 语义标注语料库可以为更多的人服务。

下面给出纯文本和 XML 标注样例，以突出 XML 标注的优越性。

(12a)！07T31Y3 * 211J 由一位班主任｜｜教授｜｜[@ 葡语]，算术、体育和社会课。

(12b) < s code = " T31Y3 * 211" form = "！07" >
    < jk type = " 1" >由一位班主任< /jk >
    < ek >教授< /ek >
    < jk type = " 2" > < word type = " 1" >葡语< /word >，算术、体育和社会课< /jk >。
    < /s >

这两例中，例（12a）是 HNC 原有的语料标注形式，例（12b）是用 XML 进行标注的形式。采用 XML 的形式标注语料，使语料具有易读性、易检性、层次性、扩展性等特点和优势。

而且，利用 XML 的 Schema 来定义文档的模式，可以验证文档所包含的内容是否是形式规范的，以此来提醒标注者进行修改，达到自我检验的目的，提高了语料标注的质量。再有，通过 XSL 可扩展样式语言来定义文档的外观，可以使文档内容按照不同的需要呈现给读者。其结构及内容与显示形式分离的特点，便于阅读和信息共享与交换，使之成为实现语料库标注和共享的理想工具。

三 管理工具功能设计

语料管理系统的建设一般包括数据维护（语料更新、存储、修改、删除及语料描述信息项目管理）、语料自动加工（分词、标注、文本分割、合并、标记处理等）、用户功能（查询、检索、统计、打印等）等几个方面。

本书重点设计系统的查询功能。根据所标注的语义信息，设计查询请求，力求详尽及最大限度地利用标注语料库，使之为语言研究和处理服务。如查询句类信息，语义块信息，句蜕信息等。

系统可以按照使用者不同的要求来查找语料，输出的是符合使用者要求的句子。查询主要分三个层面进行。第一层面，从句子一级设定查询条件。我们可以设定要查询句子的句类，语句格式等语义信息及句子所拥有的语义块数量等；第二层面，从语义块一级设定查询条件。我们可以设定语义块的构成类型，语义块中是否包含子句（包括句蜕和块扩两种），子句内是否还嵌套子句，语义块是否存在分离等。第三层面，从词语一级设定查询条件。我们可以查询到动态新词、伪词等。

第四节 已有的研究

语料库通常指为语言研究收集的、用电子形式保存的语言材料，由自然出现的书面语或口语的样本汇集而成，用来代表特定的语言或语言变体。经过科学选材和标注，具有适当规模的语料库能够反映和记录语言的实际使用情况。人们通过语料库观察和把握语言事实，分析和研究语言规律。语料库已经成为语言学理论研究、应用研究和语言工程不可缺少的基础资源。（傅爱平，2003）

语料库的应用方面。经过科学选材、具有适当规模的语料库能够反映和记录语言的实际使用情况，为语言学研究和应用提供统计数据和各种语言材料。对于计算语言学基于统计的研究方法来说，语料库的建设更是不可缺少的基础。目前我国已有多个百万字以上容量的汉语语料库和双语语料库，用于语言信息处理的各种研究和应用目的：汉字识别、智能汉字输入、文本自动分类、汉语自动分词、汉语人名地名自动识别、汉语关联词语自动识别、词语多义辨识、句法语义分析、机器翻译，等等。随着语料库开发和应用的进一步发展，除了语言信息处理和言语工程领域以外，语料库方法在语言教学、词典编纂、现代汉语和汉语史研究等方面也得到了越来越多的应用。

语料库的标注内容。对于汉语语料库标注来说，最基本的内容是词语切分标记和词类标记。近年来随着计算语言学研究的深入，汉语语料库的标注出现了多样化的趋势。譬如，对句子中的每个词语，除了切分和词类标记以外，还标注它在句子中的句法结构和功能信息，这样就得到了句法树标注语料库（简称树库 tree bank）。如果标注的是组成句子的各种短语信息，得到的就是短语标注语料库，也叫语块（chunk）标注语料库。这两种语料库可以为面向句法的统计语言模型提供训练和测试平台，前者用于语句的句法结构分析，后者用于句子的"浅层分析"或称"部分分析"。除此之外，还有的语料库标注词语的语义属性和句子成分之间的语义关系信息。这种语料库也可以作为统计语言模型的训练和测试资源，用于语句意义的分析和理解。关于句法和语义结构的标注往往需要语法理论和义类体系的支持，例如短语结构语法、依存关系语法、《知网》的语义分类系统，等等。

语料库的现状。20 世纪 90 年代末到 21 世纪初这几年投入建设或开始使用的语料库数量不断增多，不同的应用目的使这些语料库的类型各不相同，对语料的加工方法也各不相同。其中已开始使用并且具有一定代表性的语料库有：现代汉语通用语料库，《人民日报》标注语料库，还有一些面向特定研究目标的专用语料库（如用于语言教学和研究的现代汉语语料库，面向语言信息处理的现代汉语语料库，用于开发特定语言分析技术的专用语料库，双语语料库，面向汉语史研究的语料库，比较语料库，少数民族语言语料库）也在建设之中。

语料库的发展趋势。大规模句法信息标注语料库的开发是语料库语言学研究的重要课题，近年来，国内外许多研究人员在这方面进行了大量深入的研究。在语料库建设中呈现出如下的发展趋势：首先，语料库的信息标注正在逐步从句法向语义方向发展。一个典型的例子是宾州大学树库（UPenn Treebank）的发展历程。在汉语方面，目前公布的树库项目有两个。一是宾州中文树库，二是台湾中央研究院中文树库。其次，树库构建与语法理论研究紧密结合。欧洲目前进行的一些树库构建项目都有很深的语法理论研究背景，如捷克的 PDT（布拉格依存树库）项目以依存语法（DG）为基础；德国的 TIGER 项目以词汇功能语法（LFG）为基础；英国的 LigGO 项目以头驱动短语结构语法（HPSG）为基础等。两者紧密结合的好处是显而易见的。一方面，利用语法理论的最新研究成果，可以很快建立起比较完整的树库标注体系；同时，利用比较成熟的基于不同语法理论的句法分析器作为预处理工具，可以大大降低大规模树库的构建成本。另一方面，通过大规模真实文本的树库构建实验，可以发现许多新的语言现象，为语法理论提供丰富的研究素材，使理论体系得到不断改进和完善。两者相辅相成，互相促进，达到了理论研究和实际应用的完美结合。（周强，2003）

随着人们对语义的关注度的加深，近年来，国内出现了各具特色的语义精加工语料库。比较有影响的有：

一 现代汉语词义标注语料库

北大词义标注语料库是北京大学计算语言学研究所（ICL/PKU）正在研究开发的一个大规模、高质量语料库，力争成为现代汉语词义消歧研究训练和测试的基准语料，成为现代汉语词汇语义学研究的宝贵资源。词义标注语料库的语义知识主要来源于 ICL/PKU 开发的《现代汉语语义词典》，再参照《现代汉语词典》，根据语料的实际使用状况对词义描写作出调整，标注的对象是人民日报经过了词语切分和词性标注的基本标注语料库。

二 汉语框架语义标注语料库

CFN（汉语框架网）是山西大学刘开瑛教授致力于构建的一个计算机可读的汉语语义词典——汉语框架语义网络（Chinese FrameNet，简称CFN）。在内容上，CFN 以框架语义学为理论基础，以真实语料为语义描述依据，并提供大量语义标注例句；在形式上，CFN 用语义 Web 标记语言表示，成为一部计算机可读、可理解的语义词典。CFN 建立了自己的例句库，为每一个词语的每一个义项提供了带有框架语义标注信息的例句，这些例句来自真实的自然语言语料库，在选取例句、控制例句数量上，力求尽可能地显示出该词元的所有可能的句法语义结合方式。这使得CFN 的数据为概括词语的句法语义组合性质提供了丰富的材料，更为重要的是，它为自动语义标注技术的研究提供了基础资源，体现出该语义知识库直接面向自然语言处理的特点。

三　语义结构标注语料库

基于大规模标注语料库的现代汉语句子语义结构系统研究由鲁东大学亢世勇教授主持，从大规模真实文本语料当中标注句子语义成分，标注的信息包括词性、短语语块、语义成分以及句子的句法结构、语义结构等。在此基础上总结归纳现代汉语句子语义结构系统，可以丰富和发展现代汉语语法理论，同时对汉语教学和汉语自动句法分析也有一定的帮助。他们标注了《人民日报》1998年1月份、4月份两个月共计420万字的语料，从中共抽取不同的语义结构3542种。

这些语料库都不同程度地为现代汉语的语义理解建立了宝贵的基础资源。

第五节　本书的结构安排

本书共分八章。

第一章：绪论。介绍了什么是句子级语义标注语料库，指出了本书的研究内容和研究目标，阐明了本书的研究价值和意义，综述了前人的相关研究工作，探讨了本书的研究方法和设想。

第二章：HNC理论及其句类思想。本章主要介绍句子级语义标注语料库的理论基础。HNC理论是本语料库建立的理论基础，HNC理论的句类思想是本语料库的直接指导思想。本语料库的结构及标注内容都直接来源于HNC理论及其句类思想，因此本章内容可以说是后面行文的基础和铺垫。

第三章：HNC语义标注语料库的设计。介绍语料库的采集和加工等。

第四章：制订了句子级语义标注语料库的XML标注规范，使语料库具有良好的通用性和扩展性。

第五章：HNC语义标注语料库的标注。详细介绍语料的标注过程，标注内容及标注难点等。

第六章：介绍了语料标注工具的设计与使用，利用语料标注工具可以极大地提高标注的效率和准确性。

第七章：HNC 语义标注语料库查询工具设计。介绍了查询工具的主要功能及特色，可以实现数据的维护和查询，其中语料查询功能是本章描述的重点。根据语料标注的内容，设置各种查询条件，以满足使用者对本语料库的各种查询需求。

第八章：介绍了 HNC 语义标注语料库在语言本体研究、中文信息处理和语言教学中的应用研究方面的作用。

本书最后附录了 HNC 句子级语义标注语料库的规范及示例。

第二章　HNC 理论及其句类思想

第一节　HNC 理论简介

　　HNC 理论是黄曾阳先生创立的服务于自然语言处理的一套全新的理论，从最初创立到现在已有十余年的时间，在此期间，HNC 理论不断发展改进，日臻成熟。以 HNC 理论的语义处理作为核心技术的应用产品也不断产生，从实践上验证了 HNC 理论处理自然语言是行之有效的。

　　HNC 理论通过语言概念空间研究语言现象。人类的语言空间是无限的，不同的语言可以形成不同的语言空间，但是存在于人类大脑中的语言概念空间却只有一个，也正因为如此，说不同语言的人们之间才能互相交流。这个语言概念空间就是存在于人类大脑之中的概念符号体系，HNC 设计了这个符号体系，把它命名为概念联想脉络或称语义网络。语言空间和语言概念空间是相互依托，但又具有本质区别的两类空间，语言空间依托于语音和文字而存在，语言概念空间依托于概念联想脉络而存在。

　　HNC 认为，语言概念空间是一个四层级——基层、第一介层、第二介层和上层——的结构体。基层对应着语言概念基元符号体系，也称概念基元空间；第一介层对应着句类符号体系，称为句类空间；第二介层对应着语境单元符号体系，称为语境单元空间；上层对应着语境符号体系，称为语境空间。这四层级符号体系及其对应的世界知识将分别简称概念基元世界、句类世界、语境单元世界和语境世界。概念基元世界大体对应语言空间的词语，句类世界大体对应语言空间的语句，语境单元世界大体对应语言空间的句群。这个四层级概念空间和概念世界共同构成语言思维的载体。（黄曾阳，2004）

　　概念空间的四层级说中隐含着这样一种"无限与有限"的假设："语言概念无限而语言概念基元有限，语句无限而语句的概念类型（句类）

有限，语境无限而语境单元有限。"本着以有限驭无限的思想，我们就可以用有限的概念基元来描述自然语言中无限的词语，用有限的语句概念类型来描述自然语言中无限的句子，用有限的语境单元来描述自然语言中无限的句群、篇章。从词语到句子，再到句群、篇章，HNC 都有相应的一整套的符号体系与之对应，加以描述。

HNC 是以基于语义的，系统的自然语言处理理论。

第二节　HNC 的句类思想

自然语言的语句具有无限和不确定的表观特性，这是人们所熟知的。但是，在这一复杂的表观现象背后是否存在一种有限和确定的语句结构呢？人们对此进行过多方面和多层次的探索。传统语言学对语句作出了主谓宾定状补的句法成分分析；依托于乔姆斯基语法理论作过各种句法树分析，依托其他各种现代数理逻辑理论作过句法语义分析，依托于隐马尔科夫 HMM 模型和人工神经网络 ANN 模型作过各种统计处理。

对于句子，传统的研究绝大多数是从语法的角度对句子进行结构划分，分类出主语、谓语、宾语、定语、状语和补语等各种句子成分。主语、谓语、宾语的概念是句法学的基础。一些著名的理论在计算语言学中得到直接或间接应用，并成为句法分析技术的理论依托。这些理论的共性是谓语中心假设，由谓语决定主语和宾语的语义角色。对语句主谓宾语的结构描述再配合谓语中心论的语义角色描述，形成了句法—语义分析的必由之路。这一必由之路虽然符合"由表及里、由浅入深"的认识论法则。但对计算机来说，这样的句法分析只是从形式上对句子作了分类，并没有从本质上理解句子所表达的意义。要想真正理解句子的语义，就必须真正从语义上对句子进行分类。所以 HNC 采用了直接及里、由里察表的方式，构造语句的深层结构类型（句类）。（黄曾阳，2004）

语句无限而语句的概念类型（句类）有限，这是 HNC 对句类空间的基本认识，是从语义的角度对句子所做的分类。每一个句类都有语句表示式，称为句类表示式。句类表示式由若干项相加而成，这些项总称语义块，是主语、谓语、宾语的统称，但赋予了新的含义，它直接表示语义角色。这样，就不只是由主语和宾语来充当语义角色，谓语本身也充当语义角色；不是主语和宾语的语义角色由谓语来决定，而是三者的语义角色都由句类决定。每个句类表示式拥有特定的语义块类型和数量,并且语义块之间具有特定的概念关联。语句的宏观特性可以用语句的句类表示式来表达,语句的微观特性则可以用语义块的构成表示式来表达。

句类空间的宏观特性可以用"2-8-57-3192"这一组数字来描述。"2"表示可以将句类空间首先二分为两个子空间——广义作用句和广义效应句,分别从作用极和效应极对句子的语义加以描述。"8"表示对二分的子空间作进一步的类型划分,广义作用句可分为作用句、转移句、关系句和判断句四类,广义效应句可分为过程句、效应句、状态句和基本判断句四类,合起来正好是八种类型。"57"是基本句类的总数,是对八种类型的句类子空间作进一步的子类划分。HNC 为这 57 组基本句类构造了语义表述模式。3192 是混合句类的总数。混合句类用于描述句子语义,同时包含作用效应链两个或两个以上环节的句子类型,由两个基本句类混合而成,两个基本句类混合后可形成 57×56=3192 种句子类型。

语义块是句子的下一级语义构成单位。语义块有主语义块和辅语义块两种类型。主语义块是句子主要的、必有的构成单位。可进一步分为特征语义块和广义对象语义块两种类型。特征语义块 E 大体相当于句子的谓语部分,蕴涵了句子的基本语义信息。广义对象语义块包括对象语义块 B、作用者语义块 A 和内容语义块 C 三种类型基元。描述句子的基本语义构成的句类表示式就是由主语义块构成的。辅语义块是句子次要的、可选的构成单位,有手段、工具、途径、比照、条件、因、果等七种辅块类型。

每一句类都对应着一定的世界知识和语言知识,大体包括四个方面:语句格式知识;语义块构成知识;语义块之间的概念关联知识;句类转换和语义块变换知识。

第三节 句类及句类知识

句类是句子的语义类型。这与语言学中的句类同名而异实,后者是指陈述句、疑问句、祈使句和感叹句。

对自然语言特性的把握必须是微观和宏观并重的,对语句特性的把握也是如此。什么是语句的宏观和微观特性呢?HNC 理论给出的答案是:语句的宏观特性可以用语句的句类表示式来表达,语句的微观特性可以用语义块的构成表示式来表达。

句类空间的数学表示式为:[1]

SC = GBK1 + EK + GBKm （m = 2-4）　　　　（HNC2）

SCR = SC + fKm　　　　　　　　　　　　　（HNC2R）

表示式（HNC2）是对句类空间的数学描述，意思是一个句子的句类（Sentence Category, SC）是由若干个广义对象语义块和特征语义块（EK）构成。

句子级语义标注语料库以 HNC（概念层次网络）理论作为理论基础。HNC 理论是语义处理理论，通过语言概念空间研究语言现象，把自然语言空间和语言概念空间相对应。自然语言空间的句子对应于语言概念空间的句类。HNC 关于句类空间的语义描述正是句子级语义标注语料库建立的基础。用 HNC 理论的句类空间语义模型来对句子进行语义描述，建立句子级语义标注语料库，进而研究各种语言现象，正是本书的目标所在。

句子是由语义块构成的，不同的句类需要配置不同的语义块，构造出语义块的表示式以后，句类的表示式也就构造出来了。语义块的表示式加在一起就构成句类表示式。例如，转移句有四个语义块：转移发出者 TA、转移 T、转移接收者 TB 和转移内容 TC，其表示式就写为：（"J"表示句子）

TJ = TA + T + TB + TC　　　（张先生 + 送给 + 李小姐 + 一束鲜花。）

再比如，反应句（作用句的子类）的子类一般反应句有三个语义块：反应者 X2B、反应 X2 和反应引发者及其表现 XBC（这是一个融合了对象和内容的语义块），其表示式就写为：

X20J = X2B + X2 + XBC　　　（张先生 + 很喜欢 + 李小姐的个性。）

这样的句类表示式就是自然语言语句的语义结构表示式，也就是句子的语义构成模式。

一　基本句类

HNC 发现，自然语言中句类的基本表示式是有限的，是可以穷尽的，总共有 57 种。这 57 种表示式包含了七大句类及其子类的表示式，称为基本句类。为了便于指称，对各个句类表示式加以编码，称为句类代码。句

---

[1] 黄曾阳：《语言概念空间的基本定理和数学物理表示式》，海洋出版社 2004 年版，第 29 页。

类代码与特征语义块的表示符号相一致，由七大句类的符号和数字组成，在上面列举的表示式中，等号左边的部分（不含"J"）就是句类代码。

　　本书附录二给出了 57 种基本句类的表示式及其代码，在这些表示式中，特征语义块都处于第二位，各个广义对象语义块（JK）可以依次用 JK1、JK2、JK3 来指称。附录四给出了每个表示式的若干例句。这些表示式的内涵，需要很长的篇幅来阐释，因此本书把这一内容独立出来，放到第六章专门阐述。

　　基本句类是自然语言语句语义结构的基元类型，它们可以组合成复杂的句类。复杂句类有两种，一种称为混合句类，是表达了两个基本句类信息，且只有一个特征语义块的句类。理论上混合句类有 57 × 56 = 3192 种，汉语中常用的混合句类大概有 300 多种。另一种称为复合句类，是有两个特征语义块的句类。复合句类中的两个特征语义块分别可能是基本句类或混合句类，所以，理论上复合句类有（3192 + 57）的平方（约 1000 万）种。

二　混合句类

　　混合句类是由两个基本句类组合而成的，它的句类代码和句类表示式也就可以用基本句类来形成。混合句类的句类代码约定为：

E1E2 * kmn

　　E1 和 E2 是基本句类代码，kmn 是数字。混合句类的特征语义块就用 E1E2 表示，广义对象语义块从 E1 或 E2 的表示式中选取。k 表示混合句类的 JK 总数，也就是表示需要从 E1 和 E2 的表示式中总共选取几个 JK。m 表示从 E1 中选取的 JK 数，约定从 JK1 开始依次选取。n 表示从 E2 中选取 JK 的起始号，也是依次选取。kmn 三个数字就表示了混合句类之 JK 的选取方法，即总共需要取 k 个，其中 m 个从 E1 的 JK1 开始依次选取，其余的（k-m）个从 E2 的 JKn 开始依次选取。很显然，若 m = 0，则表明不从 E1 中选取；若 m = k，则表明不从 E2 中选取。约定若 n = m + 1 或 m = k，则省略 n。通过这样的代码就可以表述混合句类的表示式，例如，

中国外交部举行了记者招待会。

XJ = A + X + B

PJ = PB + P

这是基本作用句 XJ 和一般过程句 PJ 形成的混合句类，它的第一个语

义块（"中国外交部"）是作用者 A，第二个语义块（"举行"）是特征语义块 XP，第三个语义块（"记者招待会"）是过程对象 PB，所以其句类表示式就是 A + XP + PB，这一表示式可以用代码 XP∗211J 来表示，其中数字 2 表示有两个 JK，第一个 1 表示从第一句类 XJ 的表示式中取 1 个 JK（从 JK1 开始），那就是 A，第二个 1 表示从第二句类 PJ 的表示式中的第 1 个 JK 开始取剩下的（2-1）个 JK，那就是 PB，所以

XP ∗ 211J = A + XP + PB

一般来讲，混合句类代码中 E1 和 E2 的前后顺序不是任意的，而是具有前因后果关系，例如 X20T3 表示 X20（一般反应）在先，是因，T3（信息转移）在后，是果，而 T3X20 则表示 T3 是前因，X20 是后果。

E1 和 E2 的先后顺序不能随意调换，那么如果需要先从 E2 中选取 JK 的话怎么办呢？用反结构来表示，就是在混合句类代码的 kmn 前加反结构符号 "^"，表示先从 E2 中选取 m 个 JK，其余（k-m）个从 E1 中选取。例如，

X20J = X2B + X20 + XBC   YJ = YB + Y
X21J = X2A + X21 + XBC   T3J = TA + T3 + TB + T3C
X20Y ∗ ^21J = YB + X2Y + XBC   我们没有忘记先生的教导。
X21T3 ∗ ^21J = TA + X21T3 + XBC   老师批评了那些闹事的学生。

"忘记"是记忆之后的效应，反应在先，效应在后，所以应该是 X20Y，混合后的 JK1 应该取效应对象 YB，JK2 应该取反应对象及其引发者 XBC，这就需要用反结构符号来表示了。同样的，"批评"是 X21T3，反应在先，信息转移在后，混合后的 JK1 和 JK2 应该分别取 TA 和 XBC，要用反结构来表示。

如上面所定义和描述的一样，自然语言中的混合句类一般都是由两个基本句类组成的，但也存在由两个以上的基本句类组成的混合句类，也就是说一个混合句类可以表达三个或更多个基本句类的信息，例如，

张三继承了父辈的产业。

这个句子所表达的语义信息有关系、转移和效应三个方面，是一个由关系句、转移句和效应句三个基本句类组成的混合句类。上述混合句类代码只考虑了基本句类两两混合的情况，为了便于表述，可以把多混合简化为两两混合，也就是从中选取两个最重要的基本句类来形成混合句类的代码和表示式，上面这个句子就可以只用关系句和转移句的混合来描述。

三 复合句类

复合句类有两个特征语义块，这两个特征语义块形成的句子接合在一起成为一个复合的句子，而且这两个句子有共用（或曰重叠）的语义块，这是复合句类的基本特征。例如，

大家听到这个消息都很高兴。

这个句子中有两个特征语义块"听到"和"高兴"，它们形成的句子分别是"大家听到这个消息"和"大家都很高兴"，二者接合在一起，共用语义块"大家"。

对复合句类的上述基本特征，也可以这么看：前一个句子是完整的，其语义块都是自备的，而前后两个句子共用的语义块是后一个句子借用了前一个句子，这样，只要说明后一个句子的哪个语义块借用了前一个句子的哪个语义块，复合句类的表示式就可以确定了。据此，复合句类的句类代码约定如下：

(J1 + J2) * kmn

其中，J1 和 J2 是基本或混合句类代码。kmn 分别指示 J2 的 JK1、JK2 和 JK3 借用 J1 的哪个 JK，取 0 表示不借用。约定 kmn 尾部的 0 可以省略。

对于上面的句子，前者是一般接收句 T1J = TB + T1 + TC，后者是反应状态句句 X20S * 101J = SB + X20S，它的 JK1（SB）借用了 T1 的 JK1（TB）。

第三章　HNC 语义标注语料库的设计

随着自然语言处理研究的深入和技术的发展，语义越来越凸显出其重要性。作为语言研究的基本素材——语料，对它的标注加工也应深入到语义层面。在不同的理论指导下，语义标注的内容自然会有很大的差异，基于 HNC（概念层次网络）理论的语义标注是以语言概念空间为基础的，是对语句、句群、段落、篇章等单元所包含的语言空间信息在语言概念空间的映射信息进行描述。语言空间和语言概念空间的标注方式是不同的，前者是形式标注，后者是意义标注。语料标注就是要以明确的标记来标识两种空间的信息及映射，从而揭示语言的深层语义信息。

语料库是大规模真实语料的有序集合。它可以多方面、多层次地描述语言，验证各种语言理论和假设，甚至建立新的语言模式和语言观，可以凭借大规模语料库提供的客观翔实的语言材料来从事语言学研究和指导自然语言信息处理系统的开发。

语料库研究通常包括三个部分：收集大量语言信息以建立语料库；对语料进行语音、词汇、句法或语义等各种特征的标注和加工；设计与语料库配套使用的电脑检索软件。

一个适于中文信息处理的语料库应该具有对自然语言文本的采集、存储、检索、统计、标注等功能。使得语料库在语言定量分析、词典编纂、自然语言理解等领域中都能得到广泛应用。经过语义标注加工处理的语料库更是一个自然语言知识资源平台，我们从中可获取语言研究和中文信息处理所需要的各种数据。

语料库的设计和规划中面临的主要问题是自然语言文本语料的采集以及对其的加工，还包括语料库规模的确定。句子级语义标注语料库是在 HNC 理论的基础上建立起来的，因此本语料库的设计和规划充分考虑了 HNC 理论的句类思想，在语料的选择和加工方面也体现出 HNC 的语义特色。

第一节　语料的采集

语料的采集是语料库规划的一个重要方面。语料采集的好坏直接影响到语料库的质量。在本语料库的语料采集过程中,我们遵循了以下几个原则:

(1) 通用性、平衡性原则

在语料收集和处理的过程中,为了使语料库能够反映真实的语言使用情况,语料选择应尽量坚持语料分布的通用性与平衡性原则。本语料库建设也同样遵循这两个原则。

通用性体现在本语料库建设力求真实地反映现代汉语在文字、词汇、语法、语义等方面的全貌。在语料的选择上充分关注语料的通用性和普适性,以有别于专业性、地域性、纯口语性。语料覆盖范围尽量全面广泛。当然,由于本语料库的规模限制,可能达不到所收集语料在时间层次、文化层次和社会使用面层次的全面而系统,不过,通用性始终是本语料库建设所坚持的原则和目标。

平衡性主要体现在文体平衡和领域平衡上。

在文体上,我们将语篇的文体分为四种类型:表述文、叙述文、评述文、论述文。表述文一般指采用白描的手法,对事物进行客观描述的语篇。说明文、散文等文学体裁大多属于此类。叙述文是指记人、叙事、写景、状物等类的语篇,偶有评论性的文字。评述文是指以叙述为主,评论为辅的语篇。论述文是指以论述为主,叙述为辅或不带有叙述性质的语篇。我们认为,论述的强弱会对语言的使用造成比较大的差异,这四种文体是按照论述性由弱到强而作的分类。从表述文、叙述文、评述文,再到议论文,人类活动的层次不断提高,主观能动性也越来越强。本语料库 938 篇文本在文体上的分布情况如下表:

表 3-1　　　　语料库文本的文体分布情况

文体	篇数	百分比
表述文	261	27.83%
叙述文	224	23.88%
评述文	267	28.46%
议论文	185	19.72%

在领域上，我们依据 HNC 对领域的分类来选取语料。领域是构成 HNC 语境单元的三要素之一，描述事件的类型。领域的设计源于言语活动主要面向人类活动的思考。HNC 的领域分为十大类型，分别是：心理活动及精神状态，人类思维活动，专业及追求活动（第二类劳动），理念活动，第一类劳动，业余活动，信仰活动，本能活动，灾祸，状态。这是对领域按照人类活动所进行的最广义的分类。每一个大类里面还可继续划分子类。如：专业及追求活动可进一步分为专业活动和追求活动两个子类，而专业活动子类还可进一步再分为政治、经济、文化、军事、法律、科技、教育、卫生等三级子类。在语料的选择上，要尽量做到领域的平衡，使语料能够比较均匀地覆盖各个领域。这样做一方面是出于语言使用的平衡性考虑，另一方面是出于本语料库可以作为 HNC 文本分类系统的测试语料的考虑。本语料库的文本领域分布情况如下表：

表 3-2　　　　　　　　语料库文本的领域分布情况

文本领域	篇数	百分比
状态类	67	7.14%
一般活动类	19	2.03%
政治类	106	11.3%
经济类	194	20.68%
文化体育类	143	15.25%
军事类	40	4.26%
法律类	65	6.93%
科技类	55	5.86%
教育类	61	6.50%
卫生类	73	7.78%
追求活动类	4	0.42%
规约活动类	9	0.96%
本体精神生活类	39	4.16%
心理活动类	3	0.32%
灾害类	14	1.49%
散文	34	3.62%
小说	12	1.28%

（2）共时性原则

一个注重平衡性的语料库对语料的描述大多具有历时特征，而着重描述共时特征。由于语料库规模的限制，本语料库不强调语料的历时性特征，而重点关注共时性的特征。在语料的选取上，坚持共时性的原则。所选择的语料都是现代汉语的语料，而且这些语料中绝大部分都是 2000 年到现在的真实文本语料。时间跨度从 1913 年到 2009 年。分布如下：

表 3-3　　　　　　语料库文本的时间分布情况

时间	篇数	百分比
1913—1989	49	5.22%
1990—1999	124	13.22%
2000—2009	765	81.56%

（3）典型性原则

语料的选择必须考虑到典型性或代表性，尽量选取规范的语料，能够真正反映现代汉语的语言使用规律。基于这样的目标，我们选取的语料绝大多数来自于权威的公开出版物。分布如下：

表 3-4　　　　　　语料库文本的数据来源情况

来源	篇数	百分比
报纸	498	53.09%
杂志	117	12.47%
网络	228	24.31%
其他出版物	95	10.13%

第二节　语料的加工

语料库建设的主要目的是用于 HNC 理论研究和相关自然语言处理技术的研发。在语料库的建立中需要充分考虑 HNC 的特点。句子级语义标注语料库的加工特点主要体现在标注内容上。以 HNC 理论为依托，从句子一级从自然语言空间和语言概念空间两个层面对语料进行自上而下的语义标注的加工处理。语料的加工关注如下方面：

一　标注规模

一般而言，语料库的规模越大，包含的材料越多，就越能代表实际使用中的语言。建立大规模的语料库,为科学地研究语言提供了可靠的基础。随着计算机计算速度和存储空间的不断加大,网络文本的发达,建立百万字级、千万字级,甚至上亿字级的大规模的生语料库已经不存在多少障碍。不过,要建立一个进行了深加工的熟语料库却非一朝一夕之力,需要语言工作者花费大量的时间和精力才能完成,量的增长是长时而缓慢的。我们所建立的语料库是一个进行了语义标注的深加工语料库,具有一定的标注深度和难度,经过 HNC 团队 8 年的努力,终于建成了具有一定规模的,能够基本反映语言使用情况的句子级语义标注语料库。

目前本语料库共收集文本 938 篇,共 2076257 字,99006 个句子。为了避免所收集的语篇在用词上的偏向,充分反映出语言特定部分的真实特征,语料库一般以单词数量大致相等的语篇构成,我们采用多样本、小容量的取样策略。这一取样策略因循了第一代语料库的建库思想。早期的语料库,例如 Brown 语料库,就是以 500 篇约 2000 个单词的语篇构成。本语料库的文本绝大多数字数在 2000 字左右,平均每篇文本包含的字数为 2277 字。

二 标注特点

句子级语义标注的语料库不同于以往的语料库,在标注上注重语句整体语义信息的表达而非句法结构的简单划分。具体表现为如下特点:

(一) 标注方式自上而下

本语料库以 HNC 理论模式为指导对语料进行自上而下的语义标注。先标注大的语言单位,再标注小的语言单位。对于连续文本语料来说,先标注篇章、段落,再标注句子,然后是语义块,最后标注词语。这种标注方式与自下而上的语料标注方式相辅相成,满足了语言本体研究和语言信息处理研究的不同需要。

从已有的语料库加工工作来看,对现代汉语语料库进行标注的一般步骤是:先分词,然后标注词性、词义,再做短语捆绑等。这称为自下而上的语料标注方式,就是先标注小的语言单位,再标注大的语言单位。分词、词性和词义标注是词一级的标注,短语捆绑是短语级的标注,再往上依次是句子、句群、段落和篇章级的标注。除了自下而上的标注方式外,语料标注还需要采取自上而下的方式,也就是先标注大的语言单位,再标注小的语言单位。

为什么需要对语料进行自上而下的标注呢？可从两方面来看。一方面，从语言自身的机制和人脑的语言认知模式来看，语言不是语音或文字符号的线性序列，而是有层次结构的，语言的分析理解和生成表达的过程不是简单的组词成句，而是遵循着自上而下的宏观结构的指导。另一方面，从计算机对自然语言的处理来看，只靠词汇层面的微观知识是不够的，必须有句子及以上层面的宏观框架知识。人脑和电脑对语言的理解处理都需要自下而上和自上而下两种方式，因此，语言研究也就有自下而上和自上而下两个方面。例如，从字词出发，研究它们组合成短语、句子的规律，属于自下而上的语言研究；从句子的框架结构出发，研究它对句子内短语和字词的管辖约束作用，或者研究话语结构对句子的影响，属于自上而下的语言研究。自下而上和自上而下的语言研究，需要以这两种不同方式来对语料库进行加工。当然，这两种语料标注方式并不是对立的，而是互补的。

（二）标注层级为句子

对现代汉语语料进行自上而下的标注，我们选择从句子一级的标注做起，依据有二。第一，句子既是语言理解和表达的基本单位，也是计算机处理自然语言的基本单位。第二，中文信息处理正在从字处理阶段转向句处理阶段（许嘉璐，2000），实现对句子的理解处理是当前阶段的中心目标。所以，从句子一级对现代汉语语料进行自上而下的标注，从语言单位上跨接了词语（短语）和句群。

本语料库进行的是语义标注而不是句法结构的标注。因为对自然语言的理解处理最终要靠语义，所以我们以语义为主导对语料进行标注。这是一项极具意义的探索与尝试。以句子作为标注的基本单位，不但标注句子的语义，而且还标注句子的下一级语义构成单位——语义块的语义信息。如果语义块内部还包含有子句，我们也要标注子句的语义及其语义块的语义信息。这样一个句子的语义信息就相对完整地描述了出来。句子的语义通过语言概念空间的句类加以呈现，语义块的语义通过句类表达式中的各个语义构成部分得以呈现。这就构成了一个完整的句子语义表述体系。

（三）表层分析和深层分析并举

我们对从语义角度划分的各个语言单位都给出了语义标记，这些语义标记可将一篇文章划分为多个部分。大的语义标记内部可以嵌套小的语义标记。如，句子这个语言单位我们用一对标签 <s> </s> 来标记，在

<s>标签内部又可以出现语义块标记,形如<s> <jk> </jk> </s>。通过这样的语义标记就可以实现对语义的表层分析,将不同的语义单位一一标记出来,并使标记出的语义单位具有天然的层次性,使阅读者一目了然,也便于计算机的理解和处理。

而对于每个表层结构的内在深层语义,我们则给出了属性标记,这些属性标记体现了语言分析的内在机理,实现了对语料的深层分析。如,对于句子这个单位,我们可以用属性对其语义信息进行标记,这些语义信息包括句类代码、格式代码等。在"我们对国有企业进行改革"这个句子中我们用<s>来标注其表层结构,将句类代码和格式代码等深层语义信息标注在<s>的属性里,标注后的句子形如:

<s code=" X" form="!11" >我们对国有企业进行改革。</s>。

经过这样的标注,就完成了对语料的表层分析的深层分析,达到了标注内容的外在现象和内在机理的共现。

三 标注形式

本语料库选择 XML(可扩展标记语言)作为语料库的存储格式。

语料库的数据管理和存储格式一般有两种类型:基于文件的和基于数据库的。

基于数据库的管理和存储格式简单,可视性强,适合于用户需要直接观察操作的情况。

基于文件的管理方式是语料库最早采用的数据库管理方式。一条记录就是一个文本书件,文件以规整的格式显示语料的内外信息。针对这种语料库格式开发的后处理程序依赖于预定义的数据格式,语料库的共享性和可扩展性都比较差;但程序操作起来方便快捷,特别是需要对文本书件进行大量的批处理时显得非常实用。这种文件格式现在在语料库的建设中仍然不失为一种好的选择。

本语料库选择 XML(可扩展标记语言)作为语料库的存储格式。

"文本语言本是线性结构。语料标注的重要结果是让线性文本立起来,成为立体结构——至少是平面结构,有如网线提起来后成了一张网。这种非线性结构通常表现为语法树;从 HNC 角度看则是由语境、语境单元、句群、单句、语义块等不同层级的构件及其关系组成的立体网。"(池毓焕,2005)

一直以来，语料库的标注都是采用直接在线性的文本语言上添加标注符号的方式，最终完成的标注语料也是线性的文本。自从XML（可扩展标记语言）诞生以来，以其清晰易读、灵活通用等特点，成为语料库工作者广泛采用的标记语言。每个形式规范的XML文档都是一个树形结构，这种结构尤其适合描述HNC语料库中标注的语义层级，可以说是一个非常适合本语料库的标注工具和存储格式。

第四章　HNC 语义标注语料库的标注规范

除了语料的加工需要一定的规范以外，在语料的存储格式上也应该遵循一定的规范。

XML 作为网络间数据交换的标准语言在许多行业得到了广泛运用，目前在语料标注领域也呈现出将 XML 作为标注的标记语言的趋势。

HNC 语义标注语料库以 XML 作为标注的标记语言，利用 XML 标记语言的特点很好地区分了标注语义和标注表示。

第一节　XML 语言介绍

一　XML 的历史

XML（Extensible Markup Language，可扩展标记语言）的前身是 SGML 和 HTML。SGML 和 HTML 这两种语言都是非常成功的标记语言，但在某些方面又都存在着与生俱来的缺陷。XML 正是为了弥补它们的不足而诞生的新的标记语言。

XML 的前身之一——标准通用标记语言（The Standard Generalized Markup Language，简称 SGML），是 20 世纪 60 年代开始发展的通用标记语言（Generalized Markup Language，简称 GML）标准化后的名称。

在 20 世纪 80 年代，为了增强电子文本的可移植性，出版业研制了一种对文本实行电子编码的国际标准——SGML。SGML（The Standard Generalized Markup Language）的全称是标准通用化标记语言，可用于创建成千上万的标记语言，它为语法标记提供了异常强大的工具，同时又具有极好的扩展性，在分类和索引数据中非常适用。被广泛地运用在各种大型的文件计划中。ACL/DCI①最初构建语料库时，所有收集到的语料文本全部采用 SGML 语言进行描述，为语料库在不同计算机环境下进行数据交换奠定了基础。

但是，SGML 是一种非常严谨的文件描述法，导致过于庞大复杂（标准手册就有 500 多页），难于理解和学习，而且价格昂贵。最关键的是，几个主要的浏览器厂商都明确拒绝支持 SGML，使 SGML 在网上传播遇到了很大障碍。这些直接导致 SGML 只能用在有限的领域中，普及程度不高，严重影响了其推广与应用。

于是，人们开始对 SGML 进行简化并衍生出新的标记语言——超文本标识语言（Hypertext Markup Language，简称 HTML）。HTML 是一种用来制作超文本书档的简单标记语言，由蒂姆·伯纳斯-李给出原始定义，用来描述超文本中内容的显示方式，在浏览器里显示网页文件。简单易用，不需要编辑，就可以直接由浏览器执行。随着互联网的普及而在世界范围内得到了广泛的应用，成为国际标准，由万维网联盟（W3C）维护。但 HTML 有许多致命的弱点，比如缺乏对内容、信息的表达能力，不能解决所有解释数据的问题，扩充性、弹性、易读性均不佳等。

为了克服 SGML 和 HTML 的缺点，做到取长补短，1996 年人们开始致力于描述一种标记语言，使用 SGML 进行精简制作，并依照 HTML 的发展经验，产生出一套规则严谨，结构简单的描述数据语言：XML。它既具有 SGML 的强大功能和可扩展性，同时又具有 HTML 的简单性。W3C 于 1998 年 2 月批准了 XML 的 1.0 版本，标志着 XML 的诞生。XML 以强大的可扩展性满足了网络信息发布的需要，后来逐渐用于网络数据的转换和描述。目前在网站信息传递中常用的 RSS 就是典型的 XML 应用。

自从 XML 诞生以来，又有一大批用 XML 定义的新的标记语言随之诞生，它们有的仍处在草案阶段，有的已经由 W3C 推荐成为正式标准，开始在各个领域发挥着它们的巨大优势。包括用于行业标准的 CML（化学标记语言）和 MathML（数学标记语言），还包括使用 XML 重新定义的 XHTML，用于显示矢量图形的 SVG，用于表现多媒体效果的 SMIL，用于

---

① ACL/DCI 是由计算语言学会（The Association for Computational Linguistics，简称 ACL）倡议发起的一个语料库项目——数据采取计划（Data Collection Initiative，简称 DCI），属于第三代语料库。收集语料范围相当广泛，包括《华尔街日报》、Collins 英语词典、Brown 语料库、Pennsylvania 大学开发的树库，以及一些双语和多语文本等。既有标注的语料，也有未标注的生语料。

电子书的 OEB，用于手机上网的 WML 和 HDML，面向电子商务的 cXML，等等，不一而足。

XML 的发展脉络，我们可以用下面的图示来清晰呈现：

二　XML 的内容

XML 全称 EXtensible Markup Language，可翻译为可扩展标记语言，也可译为可扩展置标语言，可延伸标示语言。它是一种标记语言。标记是指计算机所能理解的信息符号，通过标记，计算机之间可以处理包含各种信息的文本。那么如何定义这些标记呢？我们既可以选择国际通用的标记语言，比如 HTML，也可以使用像 XML 这样由相关人士自由决定的标记语言，这就是语言的可扩展性，也是 XML 名称的由来。

XML 是一组定义语义标记的规则，这些语义标记将文档划分为多个部分，并且标记出文档的不同部分。XML 是一种元标记语言，可以定义特定领域内的标记语言的语法结构。只描述文档的结构和语义，而并不描述页面上元素的格式。也就是说，用 XML 定义的文档，其内容与显示格式是分开的。

XML 结构简单，一个 XML 文件最基本的构成可以简化到只需要 XML 声明和 XML 元素两项内容。

XML 声明是处理指示的一种，它的作用就是告诉 XML 处理程序："下面这个文件是按照 XML 文件的标准对数据进行标记的。"一个最简单的 XML 声明是这样的：

<？xml version = " 1.0"？>

XML 声明由"＜？"开始，"？＞"结束。声明中必须给出"version"的属性值，用来指明所采用的 XML 的版本号，而且，它必须在属性列表中排在第一位。由于当前的 XML 最新版本是 1.0，所以我们看到的无一例外的都是：version = " 1.0"。

元素是 XML 文件内容的基本单元。从语法上讲，一个元素包含一个起始标记、一个结束标记以及标记之间的数据内容。其形式是：

<标记>数据内容</标记>

元素中还可以再嵌套别的元素。最外层的元素我们称为根元素。所有的 XML 文件都至少包含一个形式良好的根元素，根元素包含了整个文件的数据内容。我们把 XML 中开始和结束标记之间的文字称作"字符数据",而把标记内的标示文字称作"标记"。

除了元素标记外,XML 还提供了属性标记。XML 元素中可以有属性标记,元素标记中可以包含任意多个属性。在标记中,属性以名称/取值对出现,名称与取值之间用等号"="分隔,且取值用引号引起来。

一般而言,数据本身保存在元素中,关于数据的信息保存在属性中。

开发人员可以在文档中自行定义所需的标记,尽管这些标记必须按照某种通用规则进行组织,但是标记的含义可以很灵活。例如当我们要对一篇文章进行标注时,需要描述篇体、段落、句子、语义块、词语等结构信息,这些信息可以用元素来标记;描述句子的句类、格式等语义信息,这些语义信息可以用元素的属性来标记。这些标记的名称完全可以由用户自行来定义。浏览器不需要预先知道成千上万种标记语言使用的每个标记的含义,而是在读取文档或文档模式时才发现给定文档使用的标记。有关如何显示这些标记内容的详细说明,则通过附加在这个文档上的样式表提供,通过调用样式表来获得用户定义的显示方式。

三 XML 的特点和优点

我们选择 XML 作为语料库的标注语言,是因为 XML 具有的一些特点和优点比较适合语料标注的需要。XML 作为一种数据存储和数据交换标准,近年来被应用到各种不同领域的数据集成中。XML 以其自身的开放性、可扩展性、自描述性及灵活性等特点成为数据描述的首选语言之一。

(一) 开放性

XML 为纯文本书件,使用简单且具有高度开放性,允许用户在任何平台上读取和处理数据,而不受操作系统、软件平台的限制。这样,专业领域的工作者就可以使用 XML 相互交换数据和信息,甚至专业领域之外的人士也能够查看文档的大致内容。比如,化学领域需要描述化学公式中的一些特殊符号,建筑设计领域需要某些特制的标记,音乐领域需要记录音符,而专业领域外的人们是不用也无需标记这些符号的。XML 的优点就在于它允许各个组织、个人建立适合自己需要的标记库。

也就是说,XML 允许不同的行业根据自己的需要制订一套标记,但它并不强迫所有的浏览器都能处理这些标记,同样也不要求制订者制订出的语言适合各行各业的应用,这就给了 XML 语言很大的自由发展空间。现在许多行业、机构都利用 XML 定义自己的标记语言。比较早且典型的是化学标记语言 CML（Chemistry Markup Language）和数学标记语言 MathML（Mathematical Markup Language）。

语料库语言学是语言学的一个研究领域，语料库的建设是其中的一项重要的研究内容。XML 语言这种开放灵活的特点同样适用于语料库标注工作的需要，设计自己的符号对语言单位的形式、语义等信息进行标注。因此本语料库的建设也采用 XML 语言。

（二）简明性

XML 由 SGML 发展而来，其复杂性只有 SGML 的 20%，但 XML 却具有 SGML 功能的 80%。XML 比 SGML 简单，易学、易用并且易于实现。除此之外，XML 也吸收了人们多年来在 Web 上使用 HTML 的经验。XML 支持世界上几乎所有的主要语言，并且不同语言的文本可以在同一文档中混合使用，而不必担心出现乱码的问题，应用 XML 的软件可以处理这些语言的任何组合。XML 将为网络发展注入新的活力，并为信息技术带来新的机遇。

（三）可扩展性

XML（Extensible Markup Language 可扩展标记语言）名字本身就显示了可扩展性这一特点。XML 的扩展性表现在：作为一种标记语言，XML 提供了一个可扩展的、强有力的标准来描述数据。

XML 规范只为构建 XML 文档提供基本语法，并不定义确切的标记，任何人都能够根据需要自己来定义元素和属性，为 XML 文档提供结构信息以扩充标记集。这就给了 XML 文档以无限的扩展空间。在这一点上，XML 与 HTML 有很大的不同。在 HTML 中，用户只能使用那些预先定义好的标记，而不能自己创建新的标记。XML 允许自由创建标记和属性的特点为用户带来了极大的方便。用户可以根据自己的需要，为标记指定更有意义的、自描述的名称，而不必受某些可能并不合时宜的条件的限制。从这个意义上说，XML 为标记数据提供了一种非常有用而且可以扩展的框架。它被广泛地用于应用程序对象之间、不同平台之中，甚至是在 Internet 上交换数据。

然而，框架的无限扩展又会带来新的问题：你能够保证不熟悉你文档结构的用户也能正确使用你的 XML 文档吗？其他人能够识别文档中那些自定义的标记吗？XML 考虑到这个问题，对这种扩展进行了约束，以保证文档的有效性。XML 文档的有效性是通过关联一个"元数据"文档来保证的。这个元数据文档一般是 DTD 或 Schema 文档。DTD（文档类型定义，Documnet Type Definition）和 Schema（模式）是 XML 文档的验证机制，它们定义了一个 Xml 文档必须遵循什么样的结构才是有效的。对 XML 文件的元素架构、元素标记和属性进行说明和限定。通过定义 XML 文档的结构，应用程序就能够在执行任何计算和转换之前对文档进行验证，从而保证了 XML 文档的有效性。

正是由于 XML 可扩展的优点，XML 文档在各个领域（如科技词典、法律词汇表、医学词汇表、计算机词汇表、公用电话交换网络词汇等）的标准化建设中得到了广泛的应用。

（四）灵活性

XML 的灵活性主要表现在：XML 提供了一种结构化的数据表示方式，使得用户数据与显示方式分离。这样，用户的数据字段就可以在大小和配置方面随情况的变化而变化。也就是说，用户可以灵活自由地表达数据，XML 对数据没有限制；每个数据元素的长短可以按实际需要由用户自己来决定。而 HTML 很难做到这一点，就是因为它是格式、超文本和图形用户界面语义的混合。而 XML 提供的结构化的数据表示方式，使得用户界面分离于结构化数据。所以，Web 用户所追求的许多功能在 XML 环境下更容易实现。

既然在 XML 中显示方式是与数据分离的，那么，如何显示 XML 文档呢？这就要借助其他技术，如 CSS（层叠样式表）、XSL（可扩展转换语言）等，用 XML 文档描述数据，而用 CSS 或 XSL 来显示数据。将数据的描述和显示分离的好处就是，在不同的应用环境，同样的数据可以有不同的显示。我们只需更换 CSS 或者 XSL 就可以。

（五）数据的结构化

XML 有两种文档描述类型，一种是以数据为中心，一种是以文档为中心。"以数据为中心"的 XML 文档着重于文档中的数据，而非文档格式，如航班信息、销售订单、计算结果等。"以文档为中心"的 XML 文档主要是用来表示人类自然语言描述的数据，如书本、报刊、电子邮件等。这种文档具有更复杂的结构，一般机器是不能自动产生的。目前，Web 上的大部分数据都可以表示成这种文档。

"以文档为中心"的文档具有以下特点：

- 数据为半结构化或非结构化

- 内容以混合形式居多
- 文档顺序很重要

下面使用 XML 的存储方式来构建一个汉语生语料库，可以直观地看出 XML 文档描述语料的树形结构特征：

< text >

    < head title = " 博物馆建设：何时以人为本" author = " 刘琼" from = "《人民日报》(2006 年 03 月 31 日 第十四版)" / >

    < body >

    ……

    < para >

    < s > 据国家文物局 2004 年统计，我国现有各类博物馆 2126 座， < / s >

    < s > 其中文物系统博物馆 1507 座， < / s >

    < s > 其他包括个人、行业博物馆达到 600 多座， < / s >

    < s > 每年举办的陈列展览近 1 万个， < / s >

    < s > 然而观众人次仅 1.8 亿多， < / s >

    < s > 也就是说，每 8 人中只有一个人一年会进一次博物馆。 < / s >

    < s > 真正的平民阶层，包括工人和农民几乎从不进博物馆。 < / s >

    < / para >

    ……

    < / body >

< / text >

该语料的根节点是文本元素 < text >，里面包含了篇头 < head > 和篇体 < body > 两个子元素。篇头元素里记录了文本的标题、作者等一些基本的文本属性信息；篇体元素内部又继续嵌套了段落元素 < para >，段落元素下面又继续嵌套有句子元素 < s >。这样层层嵌套，形成了一棵天然的句子树结构。

我们进行标注语料库的建设正是要把文本按语言单位的大小表示成一个树形结构图。可见，XML 文档的表示方法正好符合语料库对语言的描述形式，天然形成一种结构树。XML 文档的这种树形结构的数据描述形式也正是我们语料库建设所需要的形式。

利用 XML 语言的特点,可以方便地建立语料库文档管理的结构树。并且通过定义、修改其文档类型定义或模式规范可以方便地实现文档树上节点的添加、修改以及删除等操作。十分适合标注语料库的结构需要。

第二节 HNC 语义标注语料库的 XML 标注规范

一个完整的使用 XML 建立的语料库实际上应该至少包含三个文件:XML 文档,Schema 文件,XSL 文件。XML 文档是语料标注文件,用来标注和存放语料。一个最简单的语料库应该至少包含一个 XML 文档。一条语料记录作为一个 XML 文档文件,语料库是相同结构的语料文件的集合。稍大一些的语料库就应该包含多个 XML 文档,用来存放不同篇章或不同类型的语料。Schema 文件用来规范用户定义的标记集,使标注结果是"形式良好的"(well-formed)。XSL 文件用来设置标注语料的最终显示格式。

一 XML 文档

语料标注以 XML(Extensible Markup Language)文档方式编写。XML 文档由元素(element)构成。元素的内容可以是纯文本或其他元素,也可以是二者的混合,语料标注中,我们一般用元素来标注语义块。元素可以有属性(attribute),属性是名称与取值的配对。一般用来标注语义块的类型、数量等信息。

标注语料库的文档规范主要用来约定元素和属性信息。设计语料库中应该出现的元素及其内容,以及某些元素应具有的属性信息。

语料标注 XML 规范文档的基本结构如下:

< text ver = "" update = "" >//文档根元素
    < head by = "" rev = "" date = "" style = "" lang = "" title = "" author = "" from = "" />//篇头
    < body >//篇体
        < title level = "" >//标题
          < phr > </phr >//短语
          < s > </s >//句子

```
            <cs>  </cs>//复句
    </title>
    <para>//段落
        <phr>//短语
            <ss type="" code="">  </ss>//子句
            <pack pos="" of="">  </pack>//包装
        </phr>
        <s code="" form="" shid="">//句子
            <correl>  </correl>//句间关联语
            <abs>  </abs>//独立语
            <fk>  </fk>//辅语义块
            <jk type="" conv="" shedid="">//广义对象语
```
义块
```
                <ss>  </ss>//子句
                <pack>  </pack>//包装
                <abs>  </abs>//独立语
                <sep id="" from="" pos="">  </sep>//
```
语义块分离
```
                <ambi type="">  </ambi>//歧义字段
                <word type="">  </word>//未登录词
            </jk>
            <ek type="" comb="">//特征语义块
                <epart role="">  </epart>//EK 构成要素
            </ek>
            <sep id="" from="" pos="">  </sep>//分离
```
的语义块
```
        </s>
        <cs type="">//复句
            <correl>  </correl>//句间关联语
            <abs>  </abs>//独立语
            <s>  </s>//分句
        </cs>
```

</para>
　</body>
</text>

（一）元素

在 XML 文档中，我们用元素来标注语料的结构语义信息。按照语言单位的大小，可将元素分为几个层级：篇章段落层级、句子层级、语义块层级、块素层级和词语层级。

1. 篇章段落层级

篇章段落层级规范文档的框架结构，主要包括篇章元素 <text>、篇头元素 <head>、篇体元素 <body>、标题元素 <title> 和段落元素 <para>。元素的标记可以自己定义，这里采用常用的英文名称作为元素的标记名称。因为搭建的是文章的框架，所以这些元素的一个共同特点就是元素里面不含数据内容，但元素里面可以再嵌套元素或者包含自己的属性信息。

2. 句子层级

句子层级包括单句 <s> 和复句 <cs> 两个元素。是句子级语义标注语料库所描述的基本单位。

<s> 元素表示句子（sentence），既可以是单句，也可以是复句的分句。<s> 元素可含有数据内容，数据内容即为文本语料中的句子。<cs> 元素表示复句（complex sentence）。复句是由两个或两个以上具有关联性的单句组成。<cs> 元素里面嵌套两个或两个以上的句子元素 <s>。

3. 语义块层级

语义块是句子的下一级语义单位，嵌套在句子元素中。语义块层级主要包括广义对象语义块 <jk>，特征语义块 <ek> 和辅语义块 <fk> 三个元素，此外还包括分离语和独立语等。

按类型分，语义块可分为主语义块和辅语义块两大类。主语义块包括广义对象语义块和特征语义块。由于广义对象语义块和特征语义块各自携带的语义信息差别较大，广义对象语义块主要携带了顺序信息，因为一个句子只有一个特征语义块，所以不需要顺序信息，特征语义块构成类型比较复杂，分为简单构成、并列构成、组合构成、高低搭配、动静搭配、高低动静搭配共六种类型，在标注时特别突出了这项信息。基于以上考虑，我们分别给广义对象语义块和特征语义块以独立的名称，将这两个元素并列起来。元素里面可包含数据内容，也可嵌套其他元素。被嵌套的元素可以是语义块，如分离语、独立语；也可以是语义块块素，如子句、包装；也可以是词语元素。

语义块一般来说是封闭的，即同一个语义块的各个构成部分是紧密相连的。但有时语义块中的某个部分会从语义块的整体中分离出去，这个分离出去的语义块就是分离语。我们要对其分离的源点和终点予以标示，为语义块构成的分合处理提供标注信息。分离语里面可包含数据内容，也可嵌套其他元素。被嵌套的元素可以是语义块，如广义对象语义、特征语义块、辅语义块（因为这些语义块可以发生分离现象）；可以是语义块块素，如子句、包装；也可以是词语元素。

4. 块素层级

块素是指语义块的构成要素，嵌套在语义块元素中，作为语义块构成的一部分。充当语义块块素的元素包括：子句、包装、EK 复合构成要素。

子句包括句蜕和块扩两种类型。句蜕和块扩都可以充当语义块，其中句蜕还可以只充当语义块元素的一部分。子句实际上就是位于语义块元素中具有句子的各项语义特征的元素。因为子句具有句子的各项语义特征，所以，子句里面必然包含语义块元素，除可包含广义对象语义块、特征语义块、辅语义块、分离语等各种元素外，子句里面还可继续包含子句，形成子句嵌套。同句子一样，子句也具有自己的句类信息和语句格式信息。子句作为语义块的一部分，也可能存在分离的现象，所以，子句还具有分离属性信息。

我们把子句外围的成分称为包装，是修饰子句或被子句修饰的成分。包装元素出现在子句元素的前面或后面位置。也就是说，只有子句出现时，才有可能出现包装元素。

EK 复合构成要素专门用来表示 EK 复合构成中的各个构成部分，我们用 <epart> 来命名。在 <ek> 元素中包含两个或两个以上构成要素。也就是说，当特征语义块是复合构成类型时，<ek> 元素中应至少包含两个 <epart> 元素。<epart> 元素通常来说只包含数据内容，但在少数比较复杂的构成中，<epart> 元素里还可包含子句或包装元素。EK 复合构成要素的各部分名称我们用 <epart> 的属性予以标注。

5. 词语层级

词语是语义标注语料库中最末一级的元素。我们主要从歧义字段和未登录词两个方面对词语元素进行描述。歧义字段和未登录词可并称为中文信息处理领域自动分词中面临的两大难题。

歧义字段元素用 <ambi> 命名，在文本中用于对存在不同切分形式的一个字段进行标注。语言中歧义现象的大量存在严重影响了自动分词的准确率。对歧义现象予以标注，可以为自动分词中的词语消歧处理提供宝贵的资源。<ambi> 元素中只含数据内容，即歧义字段，不再嵌套任何元素。歧义字段分交集型歧义和组合型歧义两种类型，用 type 属性予以标注。

未登录词是指词表中未收录，机器无法自动识别的词语。我们用 <word> 元素命名。同 <ambi> 元素一样，<word> 元素也只包含数据内容，不包含元素。未登录词的范围很广，既包括未能及时收入词表的新词新语，还包括大量的无法全部收入词表的临时组合单位。我们把这种临时组合单位分为按语法功能分为两种类型：不需登录的体词性新词和不需登录的谓词性新词。

（二）属性

属性是与元素相关的一对名字和值，名字和值都由字符串构成。属性与元素的关系要比子元素与元素的关系更为密切。我们习惯上将数据本身保存在元素中，而将数据的信息保存在属性中。属性适合表示与文档内容无关的简单信息。在语义标注语料库中，我们通常用属性来表示元素所携带的语义信息或其他有关文档的信息。用属性来描述的语义信息主要有篇头属性信息、句子属性信息、语义块属性信息等。

1. 篇头属性信息

篇头属性用来存储文本语料的元信息，也就是存储标注的篇章的一些相关信息。在篇头信息里我们设置了 8 个属性，包括 5 个必有属性和 3 个可选属性。

每一篇文章都具有标题、语种、文体的信息，也都有标注者。我们将这四种信息设置为篇头的必有属性。

标题是指文章的篇名。标题属性用 title 命名。

语种是指文章使用哪种语言作为书写语言，现在我们语料库中所存储的文章均是汉语语种的文章，随着语料库的建设规模的扩大，今后的语料库还将收录英语等其他语种的文章。语种属性用 lang（languange 简称）命名。

"文体通常指由交际环境、交际目的的不同，而逐步相对稳定下来的篇章结构及言语总体格调。作为特定的程式，它既可以成为学科理论体系中的重要关注对象，又能为人们的应用提供最为切实的规则范例。"（见《应用写作》2003 年第 9 期《文体分类中的误区》）这里篇头属性中的文体是 HNC 理论从语境单元的角度为文章的风格所做的分类。HNC 将文体分为叙述文体和论述文体两大类，并进一步分别对这两大类文体进行二分，进而划分为描述文、叙述文、表述文和论述文四种类型。文体属性用 style 命名。

标注者（用 by 命名）和标注日期（用 date 命名）属性用来记录语料的标注者信息，以便为将来的质量检查和修改提供依据。

除了以上 4 个必有属性外，篇头属性信息中还包括篇章的作者（用 author 命名）和出处（用 from 命名），标注的修改者（用 rev 命名）3 个属性。因为这三项信息不是每篇标注语料所必有，所以将其属性设置为可选。

2. 句子属性信息

句子属性主要包括句类代码、格式代码和句类转换代码三项属性。句子元素和子句（子句可以当作句子来看待）元素都拥有这三项属性。

句类代码属性用来描述句子的语义类型信息。这是句子所负载的最重要的一项语义信息。用 code 命名。

格式代码属性用来描述句子中语义块的排列顺序及缺省情况。是表达句子的语义结构的一项语义信息。用 form 命名。

句类转换代码属性用来描述，当发生句类转换时，转换前的句子的语义类型。用 tcod 命名。

3. 语义块属性信息

语义块属性信息主要包括语义块类型、语义块转换、语义块分离和语义块共享四项属性。

不同的语义块元素具有不同的类型信息，都用 type 命名。广义对象语义块的类型信息用来描述句类中广义对象语义块的顺序号；特征语义块的类型信息用来描述特征语义块的构成类型；辅语义块的类型信息用来描述辅语义块的语义类型。

语义块转换属性是广义对象语义块和辅语义块都具有的属性信息，用 conv 命名。用来描述广义对象语义块可能由辅语义块转换而来，或辅语义块可能由广义对象语义块转换而来两种情形。conv 的属性值为广义对象语义块或辅语义块的类型，如"jk"、"Cn"等。用来表示发生主辅转换前的语义块类型信息。

语义块分离属性是所有的语义块元素都具有的属性，不止出现在广义对象语义块、特征语义块和辅语义块的元素里，而且子句作为语义块内部构成的一部分，也具有语义块分离的属性。用 sepid 命名。其中"sep"（separate 缩写）提示分离的语义，id 用来指示分离的位置。sepid 取值为数字，用来指示出现分离现象的语义块的位置号，以和分离语相对应。

语义块共享属性不但是语义块元素所具有的属性，同时也是句子元素、块素元素等可以具有的属性，表示语义块、句子或块素作为一个语义块被另外的句子所共享。用 shedid 命名。shedid 的取值与共享这个语义块的句子中的 shid 属性值一致。

二　Schema 模式

模式描述的是其他文档所允许的内容。Schema 模式描述的是与之关联的 XML 文档所允许的内容。

（一）Schema 介绍

XML 文档中的标记集（包括元素标记和属性标记）可以根据我们的需要自行建立，而这些标记集一旦建立，就要受一定规范的制约，使 XML 文档真正是"形势良好的"文件。这样，当一个 XML 文件交给 XML 处理程序时，处理程序才能够很好地理解它，并做到正确解释处理。

然而，一个完全意义上的 XML 文件不仅应该是"形式良好的"，而且还应该是使用了这些自定义标记的"有效"的 XML 文件。这就要求一个 XML 文件必须遵守 DTD[①] 或 Schema 中定义的种种规定。

DTD 定义了文件的整体结构以及文件的语法，规定了一个语法分析器为了解释一个"有效的"XML 文件所需要的所有规则。DTD 定义的规则可以很简单，仅列出所有有效的元素；也可以很复杂，不但列出这些元素，还指出元素之间的内在联系。一个 DTD 文档包含：元素的定义规则，元素间关系的定义规则，元素可使用的属性，可使用的实体或符号规则

[①] DTD（文档类型定义）是 XML 文件的验证机制，它是一套关于标记符的语法规则。属于 XML 文件组成的一部分。

等。DTD 通过定义这些规则保证了 XML 文档格式的正确。我们可以通过比较 XML 文档和 DTD 文档来验证 XML 文档是否符合规范，元素和标记的使用是否正确。

Schema 提供了除 DTD（document type defination）之外的又一种控制文档结构的方法。与 DTD 相似，Schema 是用一套预先规定的 XML 元素和属性创建的，这些元素和属性定义了文档的结构和内容模式。相应的一套规则指定了每个 Schema 元素或者属性的合法用途。如果违反这些规则，解析器就会拒绝解析 Schema 以及任何同它相联系的文档。这样就保证了 XML 文档的有效性和可验证性。

与 DTD 相比，Schema 功能强大，使用灵活，可以定义文档所允许包含的内容，保证文档的有效性。而且，Schema 建立在 XML 之上，文件形式与一般的 XML 文件完全相同，使得 XML 达到了从内到外的完美统一。

（二）Schema 内容

Schema 文件和其他 XML 文件结构相似，是由一组元素构成的，其根元素是"Schema"。"Schema"元素是 XML Schema 中的第一个元素，表明该 XML 文档是一个 Schema 文档。

在 Schema 文档中，我们可以定义元素及其属性，用以约束 XML 文档中的内容。

1. 定义元素

W3C 的 XML 模式规范将元素划分为简单类型和复杂类型。简单类型是指只包含文本、不包含任何子元素和属性的类型。复杂类型是指可以包含属性或者子元素的类型。与很多文档一样，HNC 语义标注语料库文档是复杂类型和简单类型的混合。

（1）复合元素

复杂类型中的元素我们称为复合元素，复合元素包含其他子元素或属性。复合元素可分为四种类型：空元素；包含其他元素的元素；仅包含文本的元素；包含元素和文本的元素。在 HNC 语义标注语料库中，这四种类型的元素同时存在，我们将分别给出它们的模式定义。

A. 空元素

复合元素中的空元素是指不包含元素和文本内容，只包含属性的元素。表示篇头信息的 <head> 元素属此类型。在 Schema 中，我们通过命名此元素，可以直接对 <head> 元素进行定义：

　　　　　　　< xs：element name = " head" >
　　　　　　　　< xs：complexType >
　　　　　　　　　　< xs：attribute name = " by" type = " xs：string" use = " required" / >
　　　　　　　　　　< xs：attribute name = " date" type = " xs：date" use = " required" / >
　　　　　　　　　　< xs：attribute name = " author" type = " xs：string" use = " optional" / >
　　　　　　　　　　……
　　　　　　　　</xs：complexType >
　　　　　　</xs：element >
　　element（元素）的名称为"head"，< head >元素是一个复杂类型（complexType），里面包含若干attribute（属性）。
　　B. 包含其他元素的元素
　　这种复合元素类型不包含文本内容，只包含子元素，可以包含属性。在语义标注语料库中，篇章< text >、篇体< body >、标题< title >和段落< para >四个元素属此类型。
　　以篇章元素为例，其Schema定义为：
　　　　　　< xs：element name = " text" >
　　　　　　　< xs：complexType >
　　　　　　　　< xs：sequence >
　　　　　　　　　< xs：element name = " head" >
　　　　　　　　　……
　　　　　　　　　</xs：element >
　　　　　　　　　< xs：element name = " body" >
　　　　　　　　　……
　　　　　　　　　</xs：element >
　　　　　　　　</xs：sequence >
　　　　　　　　< xs：attribute name = " update" type = " xs：gYear-Month" / >
　　　　　　　</xs：complexType >
　　篇章元素< text >不包含文本内容，但包含子元素及属性，是一个复

杂类型。包含的子元素有篇头<head>和篇体<body>两个。篇头和篇体元素按照固定的前后顺序出现，所以两个元素共同包含在表示顺序关系的 xs：sequence 元素中。如果元素中还包含属性信息，则一般把属性列在后面，如篇章元素中包含一个 update 属性，表示篇章语料的更新日期。

C. 仅包含文本的元素

这种复合元素类型仅包含文本内容，不包含子元素，可以包含属性。在语义标注语料库中，歧义字段<ambi>、未登录词<word>两个元素属此类型。以歧义字段为例：

    <xs：complexType name=" com_ ambiguous" mixed=" true" >

      <xs：attribute name=" type" type=" sim_ ambitype" />

    </xs：complexType>

此复杂类型中不包含元素，包含一个属性。这里的元素名称没有直接用 XML 文件中出现的 ambi，而是另外命名为 "com_ ambiguous"，这是为了便于元素的引用。当其他元素包含此元素时，可以通过类型属性来调用这里的复杂类型信息。

D 包含元素和文本的元素

这种复合元素类型既包含文本内容，又包含子元素，还可以包含属性。在语义标注语料库中，复句<cs>、句子<s>、短语<phr>、子句<ss>、广义对象语义块<jk>、特征语义块<ek>、分离语<sep>、独立语<abs>、Ek 复合构成要素<epart>等元素属此类型。以句子元素<s>为例：

    <xs：complexType name=" com_ sentence" mixed=" true" >

      <xs：group ref=" group_ sentence" minOccurs=" 0" maxOccurs=" unbounded" />

      <xs：attribute name=" code" type=" sim_ code" use=" required" />

      <xs：attribute name=" form" type=" sim_ form" default=" ！0" />

    ……

    </xs：complexType>

句子中包含的元素我们通过 ref 属性引用另一个 "group_ sentence"

元素，将句子中所包含的所有元素用一个元素组来描述。参见下面"元素组"的说明。

（2）元素组

元素组用来控制组内的各个元素出现在 XML 数据中的方式，用以限制组内元素出现的顺序及次数。在 XML 中，用 group 元素来定义在复杂类型定义中使用的元素组。我们用 group 元素将若干元素声明归为一组，以便将它们当作一个组并入复杂类型定义。以句子中包含的元素组"group_ sentence"为例，

< xs：group name = " group_ sentence" >

    < xs：choice >

        < xs：element name = " jk" type = " com_ jk" maxOccurs = " 3" / >

        < xs：element name = " ek" type = " com_ ek" minOccurs = " 0" / >

        < xs：element name = " fk" type = " com_ fk" maxOccurs = " 5" / >

        ……

    </xs：choice >

</xs：group >

< xs：complexType name = " com_ sentence" mixed = " true" >

    < xs：group ref = " group_ sentence" minOccurs = " 0" maxOccurs = " unbounded" / >

    < xs：attribute name = " code" type = " sim_ code" use = " required" / >

    < xs：attribute name = " form" type = " sim_ form" default = "！0" / >

    ……

</xs：complexType >

此例定义了一个包含 jk、ek、fk 等元素的序列的组，并在一个复杂类型定义中使用了这个 group 元素。元素组中的元素用 xs：choice 来分组，用以说明组中的元素可以按照任意顺序出现。

（3）简单元素

简单元素是指只包含文本的元素。它不包含任何其他的元素或属性。XML 文档中所有的需要做进一步内容限定的属性值对都可以用简单元素表示。在简单元素里，我们可以限定数据的类型及取值范围。数据类型一般有字符型、日期型、整型、布尔型等。取值范围我们可以通过枚举的方式或者正则表达式来限定。

例如，XML 文档中的辅块类型属性在 Schema 中就可以用简单元素来定义。简单元素里包含数据类型信息，表示为：

< xs：simpleType name = " sim_ fktype" >
    < xs：restriction base = " xs：string" >
        < xs：pattern value = " Ms | In | Wy | Re | Cn | Pr | Rt | ReB | ReC | RtB | RtC" / >
    </xs：restriction >
</xs：simpleType >

在简单元素中，通过 restriction 元素的 base 属性取值来限定数据的类型，辅块的类型表示是字符型数据，取值为"xs：string"。模式（pattern）的取值则用正则表达式表示为"Ms | In | Wy | Re | Cn | Pr | Rt | ReB | ReC | RtB | RtC"，用以列举所有可以出现的辅块类型值。

这个简单元素是作为下面复合元素的属性类型来调用的：

< xs：complexType name = " com_ fk" mixed = " true" >
    ……
    < xs：attribute name = " type" type = " sim_ fktype" use = " required" / >
    ……
</xs：complexType >

在复合元素中，"sim_ fktype" 作为属性的类型名称被调用。

2. 定义属性

假如某个元素拥有属性，它就会被当作某种复合类型。虽然简易元素无法拥有属性，但是属性本身总是作为简易类型被声明的。属性元素中一般包含属性名称 name 和属性类型 type。name 的取值用来对应 XML 文档中的属性名，type 用来描述属性的类型，可以直接用数据类型（如 xs：string）表示，也可以用一个简单元素名称来描述，请看下面的例子：

< xs：complexType name = " com_ sentence" mixed = " true" >

　　　　　< xs：group ref = " group_ sentence" minOccurs = " 0" maxOccurs = " unbounded" / >
　　　　　< xs：attribute name = " code" type = " sim_ code" use = " required" / >
　　　　　< xs：attribute name = " form" type = " sim_ form" default = "！0" / >
　　　　　< xs：attribute name = " tcode" type = " sim_ code" / >
　　　　　< xs：attribute name = " shid" type = " sim_ shareid" / >
　　　　　　< xs：attribute name = " shedid" type = " sim_ sharedid" / >
　　　　</xs：complexType >

　　句子元素是复合类型元素，里面包含 5 个属性，属性名称分别为 code, form, tcode, shid 和 shedid, 用来描述句类代码属性、格式代码属性、句类转换属性、共享属性和被共享属性。而这些属性的具体限定内容则是用简单元素来声明的，如 type = " sim_ code", attribute 元素中的 type 属性值就是对属性所做的简单元素声明，具体内容则需要用简单元素来详细描述。可参见上文"简单元素"一节。

　　如前所述，用 Schema 文档我们可以定义任何类型的元素和属性，对他们进行结构和内容的限定，使应用了 Schema 的标注文档可进行有效性检查，以符合标注规范，极大地提高了语料标注的准确性。

三　XSL 转换

　　XSL（eXtensible Stylesheet Language，可扩展样式语言）是用来转换 XML 文档结构的语言。它通过 XML 进行定义，遵守 XML 的语法规则，是 XML 的一种具体应用。也就是说，XSL 本身就是一个 XML 文档，系统可以使用同一个 XML 解释器对 XML 文档及其相关的 XSL 文档进行解释处理。除此之外，XML 的优点还表现在它容易被人们书写和阅读，从根本上解决了应用系统间的信息交换问题。不仅可以将数据和表达形式分离，还可以实现在不同的应用之间传输数据，将 XML 转换为 HTML，是目前 XSLT 最主要的功能。

　　可扩展样式语言（XSL）包括转换语言和格式化语言两个部分。转换语言用来转换文档的结构，它能够把数据从一种 XML 表示形式转换成另一种表示形式,使其成为基于 XML 的电子商务、电子数据交换、元数据交换以及相同数据的不同 XML 表示之间进行转换所需要的重要组成部分。格式化语言则是将文档格式化输出。这两个部分可各自独立,因此 XSL 在发展过程中逐渐分成 XSLT（结构转换）和 XSL-FO（格式化输出）两种分支语言。

XSLT 主要的功能就是转换。在 XSL 转换中,XSLT 处理器读取 XML 文档和 XSLT 样式表。基于处理器在 XSLT 样式表中找到的指令,从而输出新的 XML 文档。XSLT 通过将 XML 树形结构转换成另一个 XML 树形结构进行操作。也就是说,XSLT 处理器可以将一个输入的树形结构表示为一个 XML 文档,而且可以生成一个可输出的同样可表示为 XML 文档的新的树形结构。在 XSLT 文档中定义了与 XML 文档中各个成分相匹配的模板,以及匹配转换方式。当处理器找到与模板规则的模式匹配的节点时,该程序就会输出此规则的模板。这个模板通常包含一些标记、新的数据和从源 XML 文档中复制的数据。

由于 XSL-FO 尚未得到多方认可,目前我们主要使用的是 XSLT 对文档进行结构的转换,而格式化的输出主要使用的是 CSS（层叠样式表）语言来实现。

用 XSL 进行 XML 语义标注语料库的结构转换,可以使 XML 语义标注语料库呈现出用户所需要的表现形式。为了和原来的采用文本形式标注的语料库的形式相一致,我们在进行 XSL 结构转换时,力求使 XML 语义标注语料库的表现形式呈现出文本标注语料库的面貌。

（一）HNC 文本标注形式

我们选录一段连续文本的标注语料,以直观地展现采用文本形式标注的语料库的标注结果：

/# BY：刘智颖 苗传江　DATE：2003.7.16　STYLE：1　LANG：1　TITLE：各国开学第一天　AUTHOR：方祥生 陈庆煜 司万玲　FROM：《光明日报》2000 年 09 月 04 日 #/

#T0

各国\ ｛！31PS＊10J 开学｝第一天/

……

#P10

！0T21R411＊22J＋Cn　~这天早上，｜｜小学生们｜｜都带着｜｜

自己的暑假作业,

　　!31T2bJ+Cn　～{!31T2bY9*11J+Re　～按地区｜集合}后,｜｜整队走向｜｜学校。

　　!2P01J+Cn　～8：30｜｜举行｜｜开学式,

　　!0X20J　校长｜｜希望｜｜{SP10*21J+Ms 他们｜～以新的精神状态｜开始｜新的学习生活}。

　　!0T2bJ　接着,他们｜｜回到｜｜各自的教室,

　　!0D01J　班主任｜｜不仅要确认｜｜{T2bS*11J 全班同学｜是否到齐},

　　!31T31J　还要询问｜｜{PS041*21J 他们的暑假生活｜过得｜是否充实愉快},

　　!31T19J　观察和检查｜｜{X21J 他们｜是否做好了｜新学期的学习[准备]},

　　!31113T31Y30*21J　然后向他们｜｜提出｜｜新的要求。

（选自《光明日报》2000年09月04日《各国开学第一天》）

上面每一行是一个句子,行首标出了该句的句类代码和辅语义块,根据句类代码就知道句类的表示式,也就确定了这个句子有几个什么样的主语义块,再根据句类代码前的代码"！mn"确定各主语义块在句中出现的次序,句子中的辅语义块则以"～"标出,这样就可以确定句子中各个语义块的角色了。例如第一个句子,T21R411*22J是句类代码,它对应的表示式是 TA+T21R411+T2C,表明有三个主语义块,前面的"！0"表明这三个语义块在句子中出现的次序跟表示式中相同,句类代码后的"+Cn"表示句子中有一个条件辅块,就是以"～"标出的"这天早上"。对句蜕也以同样的方式标在句蜕部分的前面。

上例节选的文本语料的标注形式,就是我们要利用 XSL 转换所力图呈现出来的表现形式。采用文本形式标注的语料依据的是 HNC 文本语料标注规范。

1. 标注结构

通过参考 HNC 文本语料标注规范和分析标注实例,我们可以总结出 HNC 文本语料标注具有如下特点：

文本语料标注的结构分为四大部分：

/# 篇头信息 #/

#Tm-n

#Pm

语句表示式　语串

篇头信息位于文本的开头，信息的前后分别用"/#"和"#/"一组对称的符号作为开始和结束标记，独立一行。里面记录有标注者、标注日期、篇名、文章作者等与标注信息或文本内容相关的一些说明信息，每一项标注信息的名称与值之间用英文半角冒号":"隔开，不同的说明信息之间用英文半角空格隔开。具体内容表示为：

/# BY：标注者 DATE：标注日期 No：序号 LANG：语种 STYLE：文体 TITLE：篇名 AUTHOR：作者 FROM：出处 #/

#Tm-n 用来标注标题或主题信息。放在标题或主题语串的上一行。m 表示一级标题或主题，n 表示二级标题或主题。以次类推。#T0 表示全篇标题或主题。上例中"各国开学第一天"是全篇标题，所以在其上面一行标注了"#T0"。

#Pm 用来标注段落信息。放在语篇中每一个自然段的上一行。m 表示段落的序号。上例中"#P10"表示下面的语串为第 10 自然段的内容。

"语句表示式　语串"这一部分是标注的重心。是以句子为分隔单位，对文本语料进行的语义描述。"语串"是指我们要标注的句子，"语句表示式"则是对句子进行的语义描述。

2. 语句表示式

语句表示式由语句代码（格式代码和句类代码的组合）和辅块符号构成。语句代码后须加上"J"。辅块符号写在句类代码后，以"＋"连接，若有多个辅块，则以出现的先后为序，两辅块符号之间也以"＋"连接。

对于全句的语句表示式，写在句子语串的前面，也就是一行的开始位置。对于局部的语句表示式，即句蜕或块扩的表示式，则写在句子中句蜕或块扩分隔符号（"{"、"<"或"[#"）的后面，句蜕或块扩语串的前面。语句表示式后面须有空格，以与语串相分隔。

如：

！0T2bJ　接着，他们｜｜回到｜｜各自的教室，

"！0T2bJ"是语句表示式，后面紧跟一空格，空格后面是文本语串。对于格式代码是基本格式"！0"的，可以省略不写，所以，该语句表示

式也可写作"T2bJ"。

规范中还规定了几种特殊的句类的代码表示方式：

句类转换　　　　（Et，E）J

复合句类　　　　（E1＋E2）＊kmnJ

并列 E 块　　　　（E1；E2；…）J

复句　　　　　　E1J＋＋E2J

句类转换中的 Et 和 E，复合句类中的 E1 和 E2 的格式代码都分别标记，并列 E 块的格式代码一起标记。复句中 E1J 和 E2J 的辅块分别标记。

在语句表示式中，辅块前加" /" 表示该辅块是由整个主块变换来的，或者它包含了整个主块，也就是某个主块整个融合到了该辅块内。这个主块不看作省略。

非主谓句不能用句类代码描述，语句表示式用 0EJ 表示。

3. 语串组分标注

如果说语句表示式是对语言概念空间的描述，那么语串组分标注则是直接在语料文本上进行的语言空间的描述，重点是给出各种语义单位的类型和切分标记。语串组分符号描述和切分的语言单位可分为句子、语义块和词语三个层面。

具体的语串组分符号表示如下：

句子层面：

　＋　　　复合句分隔符

　＋＋　　　复句分隔符

语义块层面：

　||　　　全局语义块间隔符

　|　　局部（句蜕或块扩内）语义块间隔符

　~　　　辅语义块标记符，标在辅块前面

　{ }　　原型句蜕标记

　< >　　要素句蜕标记

　\ /　　包装句蜕标记

　\ -/　　后包装成分与句蜕中的某 JK 要素有领属关系（前者领有后者）的包装句蜕

　^　　反要素或反包装句蜕标记，标在 < 或 \ 之后

　[# #]　　块扩标记

~　　并合的要素句蜕分隔符
[／]　　充当了两个语义块的词语，如"吃饭、回家"
[｜]或[　｜]　　分离E块素标记，分别表示前分离和后分离
[&]或[　&]　　分离JK块素标记，分别表示前分离和后分离

词语层面：

[@　]　应登录"新词"
[lb　]　句间关联词
[fy　]　独立语（包括插入语、称呼语、感叹语和拟声语等）
%　　无上下装全局E标记，标在E块之前
[　]　不需登录的体词性新词或短语
[$　]　不需登录的动词新词
[?　]　层选模糊（交集型分词歧义）
[:　]　伪词标记（组合型分词歧义）

标注以句子为单位，每个句子独立成行。复合句中间有点号的，一般可分为两个单句来标注。

标注中可以加注释，必须另起一行，以"/*　　*/"为首尾标记。

（二）XSL 转换过程

可扩展样式表语言（XSL）是由两个独立的 XML 应用程序（分别用于转换和格式化 XML 文档）组成。其中 XSLT 就是可实现文档结构转换的应用程序。

使用 XSLT 对 XML 语料库进行结构转换的基本思想就是：通过定义转换模板，将 XML 语料库转换为带有标注信息的可浏览文档，最终的可浏览文档以 HTML 格式显示出来。

XSLT 同样使用 XML 语言来描述规则、模板和模式。由 xsl：template 元素定义的模板规则是 XSLT 样式表最重要的一部分。每个模板规则都是一个 xsl：template 元素。这些规则将特定的输出与特定的输入相关联。每个 xsl：template 元素都有一个 match 属性，用于指定将该模板应用于输入文档的一个节点。match 属性支持复杂的语法，允许读者精确地表达需要和不需要哪个节点。XSLT 中的其他句法如 xsl：apply-template、xsl：for-each、xsl：value-of、xsl：sort 等的 select 属性支持更加强大的语法超级，来精确地指定用户对 XML 源文档中的哪个节点进行操作。该属性的值为使用 xpath 语言编写的表达式。

对 XML 标注语料进行 XSL 转换，就是要应用 XSLT 的模板和规则，找到 XML 输入文档中的特定的元素和属性，输出元素的文本内容或属性值，并依据上面的 HNC 文本语料标注规范，在指定的位置添加语句表示式和语串组分标注符号，使 XML 标注语料经过转换后呈现出 HNC 文本语料的标注形式。

（三）XSL 转换结果

经过 XSL 转换后，虽然 XML 源标注文档是一种 XML 的树形结构，但其最终的显示形式可以呈现出如 HNC 文本语料标注规范那样的线性标注结构。

例：

源 XML 标注文档：

<？xml version = " 1.0" encoding = " GB2312"？>
<？xml-stylesheet type = " text/xsl" href = " hnc_ corpus. xsl"？>
<text xmlns：xsi = " http：//www.w3.org/2001/XMLSchema-instance" xsi：noNamespaceSchemaLocation = " hnc_ corpus. xsd" ver = " a1" update = " 2006-3" >
   <head by = " 刘智颖 苗传江" date = " 2003-07-16" style = " 1" lang = " 1" title = " 各国开学第一天" author = " 方祥生 陈庆煜 司万玲" from = " 《光明日报》2000 年 09 月 04 日" trans = " 刘智颖" />
   <body>
     <title level = " 0" >
       <！--各国开学第一天-->
       <phr>各国
         <ss type = " 1" code = " PS * 10" form = "！31" shid = " 0" >
           <ek>开学</ek>
         </ss>
         <pack pos = " h" >第一天</pack>
       </phr>
     </title>
     <title level = " 1" >德国</title>
     <para>

第四章　HNC语义标注语料库的标注规范

```
<！--每年开学第一天，波恩街头总会出现许多怀抱彩色纸喇叭筒，肩背小书包的孩子。-->
<s code="S022Y30*21">
    <fk type="Cn">每年
        <ss type="1" code="PS*10" form="！31" shid="0">
            <ek>开学</ek>
        </ss>
        <pack pos="h">第一天</pack>
    </fk>，
    <jk type="1">波恩街头</jk>
    <ek>总会出现</ek>
    <jk type="2">
        <pack pos="q">许多</pack>
        <ss type="5" code="C">
            <ss type="1" code="X20S0*21" form="！31" shid="h1">
                <ek>怀抱</ek>
                <jk type="2">彩色纸喇叭筒</jk>
            </ss>，
            <ss type="2" code="X20S0*21" form="！24">
                <ek>肩背</ek>
                <jk type="2">小书包</jk>的
                <jk type="1" shedid="1">孩子</jk>
            </ss>
        </ss>
    </jk>。
</s>
<！--孩子入学，是其人生道路上迈出的重要一步。-->
<s code="jD">
    <jk type="1">
```

```
            <ss type=" 1" code=" SP1*11" >
                <jk type=" 2" shedid=" 1" >孩子</jk>
                <ek>入学</ek>
            </ss>
        </jk>,
        <ek>是</ek>
        <jk type=" 2" >
            <ss type=" 2" code=" S20P0*21" form="！31" shid=" q1" >
                <fk type=" Cn" >其人生道路上</fk>
                <ek>迈出</ek>的
                <jk type=" 2" >重要一步</jk>
            </ss>
        </jk>,
    </s>
        <！--标志着漫长的学校生活的开始。-->
        <s code=" S30P*22" form="！31" shid=" q1" >
            <ek>标志着</ek>
            <jk type=" 2" >
                <ss type=" 2" code=" P1" >
                    <jk type=" 1" >漫长的学校生活</jk>的
                    <ek>开始</ek>
                </ss>
            </jk>。
        </s>
……
    </para>
……
  </body>
</text>
```

XSL 转换后的文档：

篇名：各国开学第一天 作者：方祥生 陈庆煜 司万玲 出自：《光明日

报》2000年09月04日 标注者：刘智颖 苗传江 标注日期：2003-07-16 文体：表述文 语言：中文

#T0

各国 \ ｛！31PS＊10J 开学｝第一天／

#T1

德国

#P1

S022Y30＊21J＋Cn ～每年 \ ｛！31PS＊10J 开学｝第一天／｜｜，波恩街头｜｜总会出现｜｜\ 许多 ＜（！31X20S0＊21＋！24X20S0＊21）J 怀抱｜彩色纸喇叭筒，＋肩背｜小书包｜的 孩子＞／。

jDJ｛SP1＊11J 孩子｜入学｝｜｜，是｜｜ ＜！31S20P0＊21J＋Cn ～其人生道路上｜迈出｜的 重要一步＞，

！31S30P＊22J 标志着｜｜ ＜P1J 漫长的学校生活｜的 开始＞。

第五章　HNC 语义标注语料库的标注

对于中文语料库来说，语料库的加工包含自动分词加工、词性的自动标注、句法体系与句法标注、短语结构标注、句子结构标注、语义标注等多个方面。对语料的加工主要体现为对语料进行怎样的内容标注。语料标注的内容反映了语料加工者对语言结构和功能的认识。语料库建设除了不断扩大规模这一横向发展方向外，更重要的是向纵深方向发展，即对语料进行深加工，比如语义标注、短语结构标注等，树库、语句对齐等应该都属于这方面的努力。我们对语料的标注主要是从句子层面进行语义标注。

在设计好 HNC 语义标注语料库的标注规范后，依据标注规范，就可以对具体语料进行标注。

第一节　标注内容

本语料库采用 XML 语言作为加工工具，通过 XML 的元素和属性对标注项目进行标注。

标注内容首先分为篇头信息标注和篇体信息标注两大部分。

一　篇头信息

篇头信息用来说明整篇语料的有关信息，例如标注者、标注日期、文体、语种、篇名、作者、出处等，用属性表示。标注形式如下：

< head　taggedby = rev = date = style = language = name = author = from = / >

head 是篇头信息标签元素，里面包含若干属性值对，其中 taggedby 用来记录标注者，rev 用来记录修订者，date 用来记录标注日期，style 用来记录文体信息。HNC 将文体分为描述文、叙述文、表述文和论述文四种类型。language 用来记录语料的语种信息。name 用来记录语料的篇名，

author 用来记录语料的作者，from 用来记录语料的来源或出处。如：

<head date = " 2003-07-16" title = " 纳米技术将怎样影响我们的生活" style = " 2" taggedby = " 刘一飞" rev = " 刘智颖" lang = " 1" author = " 赵建国" from = " 《生活时报》2000 年 09 月 04 日" / >

二 篇体信息

篇体信息是标注的主体，是对文本的内容进行语义标注，首先分标题和段落两个层级，其内部由句子或短语构成。句子是语义标注的基本构成单位。句子内部又进一步划分为语义块、句间关联语等，语义块又可再划分为子句、包装、词语等构成单位。这些语义单位分别用元素加以标记，而各个单位本身所携带的语义知识则通过属性加以说明。如句子元素包含句类代码属性、句子类型属性，语义块元素包含语义块的类型属性、语义块的构成与分离属性等。这样就构成了 HNC 语料库标注的完整模式。下文将对语料标注的核心单位（句子、语义块、子句等）分别加以描述。

（一）简单句与复杂句

HNC 语料标注的基本单位是句子。从形式上看就是标点符号之间能够表达一个较完整信息的单位。HNC 对句子类型的划分如图：

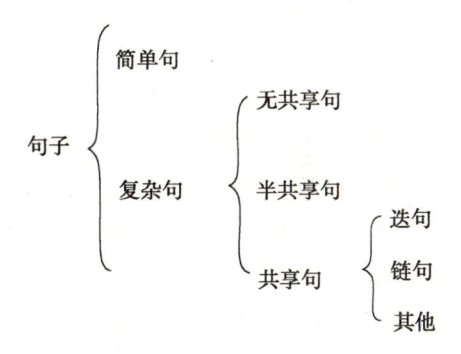

```
         ┌ 简单句
         │              ┌ 无共享句
句子 ┤              │
         │              │ 半共享句
         └ 复杂句 ┤
                        │              ┌ 迭句
                        └ 共享句 ┤ 链句
                                        └ 其他
```

图 5 – 1　HNC 句子类型分类

句子首先可分为简单句（sentence）和复杂句（complexsent）两种类型。简单句是指只具有一个全局特征语义块的句子。复杂句是指具有两个或两个以上特征语义块的句子。也就是说，复杂句由两个或两个以上的简单句构成。这里所说的复杂句主要是指在一个句子标注单位内出现两个或两个以上特征语义块的句子，至于句子之间存在关联的复句我们把它作为两个标注单位处理。

复杂句分为共享句与无共享句以及介于两者之间的半共享句三种类型。共享句是指分句间存在广义对象语义块整体共享现象的复句。《HNC（概念层次网络）理论》中定义的复合句实际上就是共享句。半共享句是指分句间存在局部共享（即要素共享）现象的复句。无共享句是指分句间不存在共享现象的复句。共享句中有两个特殊子类：一是迭句（居后句子的第一个广义对象语义块共用居前句子的第一个广义对象语义块），二是链句（居后句子的第一个广义对象语义块共用居前句子的最后一个广义对象语义块）。（池毓焕，2005）

我们用<cs>来标注复杂句。复杂句的类型信息我们用<cs>内所包含的属性 type 进行标记，type 的取值表示复杂句的各个类型。取值为"1"表示无共享句，即分句的各语义块之间不存在共享；取值为"2"表示迭句；取值为"3"表示链句；取值为"4"表示复杂共享句，指分句内的某个整语义块共享分句内或分句外多个语义块或半个语义块，或分句内的某半个语义块共享分句内或分句外多个语义块的情况，因具体语义块共享情况比较复杂，故称为复杂共享句，本书对其内部的各种复杂共享情况暂不进行分类表示；取值为"5"表示无共享句，指分句内的语义块完整，不存在共享其他语义块的情况。复杂句元素本身不提供句类信息，句类信息蕴含在其包含的<s>（sentence）子元素里面。

除了<s>子元素外，复杂句下面还包含<correl>、<abs>和<fk>元素。<correl>元素用来标注关联词语信息，<abs>元素用来标注独立语信息，<fk>元素用来标注辅块信息，复杂句下面的辅块是复杂句所包含的分句的共同辅块，而非某一个特定分句的辅块，特定分句的辅块信息会标注在<s>子元素里面。

<s>元素既可以表示简单句，也可以表示复杂句的分句。主要包含下列元素：广义对象语义块<jk>、特征语义块<ek>、辅语义块<fk>、关联语<correl>、独立语<abs>、分离语<sep>。其中语义块是句子构成的基本单位。分离语是指从语义块中分离出来的部分。HNC 认为，语义块存在构成和分离的现象，因此需要对分离部分做出语义标记，分离语是 HNC 特有的语义标注信息。

句子的句类信息包括句类代码和语句格式两部分内容。将在<s>元素的属性中予以描述。句类是指句子的语义类型，用 code 属性标记。语

句格式用来描述语义块的缺省情况及排列顺序，用 format 属性标记。句类转换知识通过增加 tcode 属性予以标记，tcode 属性表示存在句类转换时转换前的句类代码（transformed code），与 code 相配合就可以完整地表示句类转换知识，code 属性和 tcode 属性分别表示转换后和转换前的句类代码。

对于句子的标注，举例如下：

（1）8：30 举行开学式。

< s code = " P01" format = " ! 2" >

 < fk >8：30 </fk >

 < ek >举行 </ek >

 < jk type = " 1" >开学式 </jk >，

</s >

简单句 < s > 的句类代码 code 为"P01"，是基本过程句，语句格式 format 为"! 2"，句中包含三个语义块元素：辅语义块 < fk >，内容为"8：30"；特征语义块 < ek >，内容为"举行"；广义对象语义块 < jk >，内容为"开学式"。

（2）一般，除糖果外，喇叭筒里还有彩笔、卷笔刀、小玩具等。

< s code = " jD1" >

 < abs >一般 </abs >，

 < sep >除糖果外 </sep >，

 < jk type = " 1" >喇叭筒里 </jk >

 < ek >还有 </ek >

 < jk type = " 2" >彩笔、卷笔刀、小玩具等 </jk >。

</s >

简单句 < s > 的句类代码 code 为"jD1"，是存在判断句，语句格式 format 为基本格式，默认省略不写，句中包含五个语义块元素：独立语 < abs >，内容为"一般"；分离出去的语义块 < sep >，内容为"除糖果外"；两个广义对象语义块 < jk >，内容分别为"喇叭筒里"和"彩笔、卷笔刀、小玩具等"，特征语义块 < ek >，内容为"还有"。

（3）掩映在绿树间的校舍，古老而又充满现代化气息。

< cs type = " 2" >

 < s code = " S04" >

　　　　＜jk sharedid＝" 1" type＝" 1" ＞掩映在绿树间的校舍＜/jk＞,
　　　　＜jk type＝" 2" ＞古老＜/jk＞
　　＜/s＞
　　＜correl＞而又＜/correl＞
　　＜s code＝" S0" format＝"！31" share＝" q1" ＞
　　　　＜ek＞充满＜/ek＞
　　　　＜jk type＝" 2" ＞现代化气息＜/jk＞
　　＜/s＞。
＜/cs＞

　　这个复杂句由两个子句构成,第一个子句是一个简明状态句,包含两个语义块"掩映在绿树间的校舍"和"古老",第二个子句是一个一般状态句,包含两个语义块"充满"和"现代化气息",两个子句之间用句间关联语"而又"连接。第二个子句的第一个广义对象语义块共用第一个子句的第一个广义对象语义块,是迭句现象,＜cs＞的 type 属性值为"2"。

　　（4）包括班主任在内共有10位老师任课。
＜cs type＝" 3" ＞
　　＜abs＞包括班主任在内＜/abs＞
　　＜s code＝" jD1" format＝"！31" ＞
　　　　＜ek＞共有＜/ek＞
　　　　＜jk type＝" 2" ＞10位老师＜/jk＞
　　＜/s＞
　　＜s code＝" X10S＊11" format＝"！31" share＝" q1" ＞
　　　　＜ek＞任课＜/ek＞
　　＜/s＞。
＜/cs＞

　　这个复杂句由一个独立语元素和两个子句元素构成。"包括班主任在内"为独立语,第一个子句是一个省略了第一个广义对象语义块（"学校"）的存在判断句,子句内包含一个特征语义块"共有",一个广义对象语义块"10位老师",第二个子句是一个承受状态句,子句内包含一个特征语义块"任课",省略了第一个广义对象语义块"10位老师",这个省略的语义块共享前一子句的第二个广义对象语义块,是迭句现象,＜cs＞的 type 属性值为"3"。

(二) 语义块

HNC定义的语义块是指句子的下一级语义构成成分。语义块是句类的函数。分为主语义块和辅语义块两大类型。主语义块又进一步分为特征语义块和广义对象语义块两类，分别用 <ek> 元素和 <jk> 元素标记。辅语义块用 <fk> 元素标记。

语义块的类型信息我们用 type 属性来标记。广义对象语义块的 type 属性用来表示义序，即该语义块在语义上是第几个广义对象语义块。特征语义块的 type 属性用来表示特征语义块的构成类型。特征语义块的核心要素的构成存在以下几种情况：简单构成、组合式构成、并列式构成、高低搭配构成、动静搭配构成、高低动静搭配构成等，这也是其不同于述语动词的关键之一。我们把这种特征语义块的复合构成信息放在 type 属性里通过其属性值予以标记。至于其各个构成部分的语义信息，我们则通过在 <ek> 内嵌套 <epart> 元素来表示，<epart> 里包含 role 属性，其值用来表示各个构成部分的语义角色。辅语义块的 type 属性用来表示辅语义块的语义类型，分别用 Ms、In、Wy、Re、Cn、Pr、Rt、ReB/ReC、RtB/RtC 来表示方式、工具、途径、比照、条件、因、果、对象/内容型参照、对象/内容型因果。如：

(5) 集团内几个大中型企业停产或半停产。
```
< s code = " P1S * 10" >
  < jk type = " 1" >集团内几个大中型企业 </jk >
  < ek type = " 2" >
    < epart role = " E1" >停产 </epart >或
    < epart role = " E2" >半停产 </epart >
  </ek >，
</s >
```

这个句子相对简单，句中有一个广义对象语义块和一个特征语义块，广义对象语义块的 type 类型属性取值为1，表示是第一个广义对象语义块。特征语义块的 type 类型属性取值为2，表示特征语义块的核心要素是并列式构成类型，并列项"停产"和"半停产"分别用 <epart> 元素加以标记，并在 role 属性中给出了各个要素部分的语义类型：E1 和 E2。

主语义块和辅语义块的界定并不是一成不变的，两者之间也可以变换。在一定条件下，辅语义块可以变换为主语义块，主语义块也可以变换

为辅语义块,这种变换信息我们通过在语义块元素中增加 conv 属性来与
type 属性配合予以标记。type 表示语义块当前的语义类型,而 conv 表示
主辅变换前的语义块类型。如:

(6) 对于这件事,父亲和母亲还不时的起争论。

<s code=" T49X*22" form="! 22" >
  <fk type=" RtB" conv=" jk2" >对于这件事</fk>,
  <jk type=" 1" >父亲和母亲</jk>
  <ek type=" 5" >还不时的
    <epart role=" EQ" >起</epart>
    <epart role=" E" >争论</epart>
  </ek>,
</s>

这个句子中包含了丰富的语义块信息。总体上,全句包含一个辅语义块,一个广义对象语义块,一个特征语义块。辅语义块含有两个属性: type 和 conv,用以表示主辅变换的情况,"对于这件事"从形式上来说是一个对象型的果表现辅块 RtB,是由主语义块转换而来,转换前的语义块类型是全句的第二个广义对象语义块 jk2。特征语义块的构成类型 type 取值为 5,表示该特征语义块的核心部分是由高低搭配构成,高层部分为"起",语义角色用 EQ 标记,低层部分为"争论",语义角色用 E 标记,低层部分是整个特征语义块的核心,决定整个句子的语义类型。

语义块元素除了广义对象语义块、特征语义块和辅语义块这三大类型外,还有一种特殊的语义块——分离语义块。分离语义块在语义上不是一个独立的语义单位,而是从其他语义块中分离出来的,我们在标注的时候要注意将之与被分离的部分整合起来。如:

(7) 不少政界名人和知名学者都曾在这里接受过启蒙教育。

<s code=" X10" >
  <jk type=" 1" >不少政界名人和知名学者</jk>
  <sep id=" q1" >都曾</sep>
  <fk type=" Cn" >在这里</fk>
  <ek sepid=" 1" >接受过</ek>
  <jk type=" 2" >启蒙教育</jk>。
</s>

分离语义块"都曾"就是从特征语义块<ek>元素中分离出来的。

语义块还含有自己的子元素，包括：子句（subsent）、包装（pack）、独立语、分离语义块、特征语义块的复合构成要素、歧义字段、未登录词等语义信息。子句是语义块中包含的句子，在标注时我们仍然给出它的句类信息。包装，是和子句同现的一个语义成分。独立语和分离语不仅可出现在句子层面，在语义块层面同样存在。特征语义块复合构成的要素部分用 epart 来标记，作为语义块的子元素，仅当语义块的类型为特征语义块，且存在语义块复合构成属性时才会出现。epart 元素的 role 属性表示复合构成的各个要素部分。标注形式可参见上面的例子。歧义字段元素用以标注词语切分时所产生的歧义现象，分为交集型分词歧义（如：他［？昨天才］回来。）和组合型歧义（如：只有社会主义［：才能］救中国）两种类型，用 ambi 元素标记。未登录词用来标注在语料中发现的词库中应收录的新词新语和不需收录的临时构词。如：

（8）鲜花永远是摄影师的最爱。

```
< s code = " jD" >
  < jk type = " 1" >鲜花</jk>
  < ek >永远是</ek>
  < jk type = " 2" >摄影师的
    < word type = " 3" >
      < ambi type = " 2" >最爱</ambi>
    </word>
  </jk>,
</s>
```

"最爱"是未登录词，用<word>元素标记未登录词，我们把未登录词分为三种类型：应登录新词、不需登录的体词性新词或短语、不需登录的谓词性新词或短语。本句中，type 取值为 3，表示未登录词的类型属于不需登录的谓词性新词。内部嵌套<ambi>元素，取值为 2，表示该动词新词又是一个歧义字段，属于组合型歧义，如果 ambi 元素的 type 属性取值为 1，则表示交集型歧义。

（三）子句和包装

1. 子句

子句是语义块中包含的句子，对应于 HNC 中的句蜕和块扩两种语义成分。句蜕是指句子蜕化为语义块或语义块的一部分，分为原型句蜕和要素句蜕两种基本类型。原型句蜕句子蜕化前后的基本形式没有变化，形式上相当于主谓短语。要素句蜕句子蜕化前后则发生了显著变化：句子的某一个语义块作为了要素句蜕的中心语，而其他的语义块作为了修饰语，形式上相当于定中短语。块扩就是语义块扩展为句子，形式上与原型句蜕相同，将块扩从原型句蜕中区别出来的目的在于把块扩特性赋予特定句类的特定语义块，使之成为句类层面的先验知识，以利于句类分析系统对句类的自动辨识。

无论是句蜕还是块扩，无论是原型句蜕还是要素句蜕，都有各自的句类信息，都含有各自的语义块，因此对于子句我们也要把它当作句子来分析。子句与句子的不同主要在于它们的层级，二者所包含的语义元素和属性是基本相同的。同句子一样，子句中也包含语义块、关联语、独立语、分离语等语义元素。子句也具有句类代码、语句格式、语义块共用信息，用属性予以标记。对不同类型的子句现举例如下：

（9）孩子能考上中专是好事。

< s code = " jD" shedid = " 2-2" >

  < jk type = " 1" >

    < ss type = " 1" code = " Y9R012 * 21" >

      < jk type = " 1" > 孩子 </jk >

      < ek > 能考上 </ek >

      < jk type = " 2" > 中专 </jk >

    < /ss >

  < /jk >

  < ek > 是 </ek >

  < jk type = " 2" > 好事 </jk >。

< /s >

全句是一个是否判断句 jD，第一个广义对象语义块由一个原型句蜕"孩子能考上中专"充当，用 < ss > 元素的 type 属性值取 1 来标记。原型句蜕的句类是效应关系句。

（10）他们家住的 3 间草房，低矮阴暗。

  < s code = " S04" >

    < jk type = " 1" shedid = " 2" >

第五章　HNC 语义标注语料库的标注　　65

　　　＜ss type ="2" code =" S02" ＞
　　　　＜jk type =" 1" ＞他们家＜/jk＞
　　　　＜ek＞住＜/ek＞
　　　　＜jk type =" 2" ＞的3间草房＜/jk＞
　　　＜/ss＞
　　＜/jk＞,
　　＜jk type =" 2" ＞低矮阴暗＜/jk＞。
＜/s＞

全句是一个简明状态句 S04,第一个广义对象语义块由一个要素句蜕"他们家住的3间草房"充当,用＜ss＞元素的 type 属性值取2来标记。要素句蜕的句类是换位状态句,要素句蜕的中心语是第二个广义对象语义块"3间草房",第一个广义对象语义块"他们家"和特征语义块"住"作为中心语的修饰成分。

（11）校长希望他们以新的精神状态开始新的学习生活。
＜s code =" X20" ＞
　＜jk type =" 1" ＞校长＜/jk＞
　＜ek＞希望＜/ek＞
　＜jk type =" 2" ＞
　　＜ss type =" 3" code =" XP01 ∗ 211" ＞
　　　＜jk type =" 1" ＞他们＜/jk＞
　　　＜fk type =" Ms" ＞以新的精神状态＜/fk＞
　　　＜ek＞开始＜/ek＞
　　　＜jk type =" 2" ＞新的学习生活＜/jk＞
　　＜/ss＞
　＜/jk＞。
＜/s＞

全句是一个一般反应句 X20,是有条件块扩句类,第二个广义对象语义块由一个块扩"他们以新的精神状态开始新的学习生活"充当,用＜ss＞元素的 type 属性值取1来标记。块扩句类是作用过程句。

此外,子句还具有层级特性,用以表示子句内还有子句（即子句嵌套）的情况。

不同于句子,子句中还包含一个特殊元素：复杂句。在这里,复杂句作为子句的下一级语义成分。按照子句的类型，由复杂句构成的子句可分为三种情况。第一种情况是，子句是由复杂句充当的原型句蜕，那么复杂句内的各个分句也均为原型句蜕的形式。第二种情况是，子句是由复杂句充当的要素句蜕，则复杂句内的各个分句可能均为要素句蜕的形式，也可能只有最后一个分句是要素句蜕的形式，无论是哪种形式，要素句蜕的中心语一定是复杂句内的各个分句的中心语，也就是说，多个分句共用要素句蜕的中心语。第三种情况是，子句是由复杂句充当的块扩。这种情况形式上与第一种情况相同，当上一级句类是块扩句类时属此种情况。举例如下：

(12) 到外地上学要一大笔钱。
< s code = " S30Ya0 * 21" >
　　< jk type = " 1" >
　　　　< ss type = " 4" code = " C" >
　　　　　　< ss type = " 1" code = " T2b" form = " ! 31" shid = " q1" >
　　　　　　　　< ek > 到 </ek >
　　　　　　　　< jk type = " 2" > 外地 </jk >
　　　　　　</ss >
　　　　　　< ss type = " 1" code = " T1S * 11" form = " ! 31" shid = " q1" >
　　　　　　　　< ek > 上学 </ek >
　　　　　　</ss >
　　　　</ss >
　　</jk >
　　< ek > 要 </ek >
　　< jk type = " 2" > 一大笔钱 </jk >，
</s >

全句是一个势态效应句 S30Ya0 * 21，第一个广义对象语义块由一个复杂句构成的原型句蜕"到外地上学"充当，code 取值为"C"表示该子句是由复杂句构成的，type 取值为"4"表示子句类型为由复杂句充当的原型句蜕。< ss > 内嵌套的两个 < ss > 元素用来标注构成复杂句的两个分句，两个分句的类型均为原型句蜕。

第五章　HNC 语义标注语料库的标注

（13）据日本有关机构的统计，在中国投资、经商、从业的日本公司已经超过了 2 万家。

< s code = " jD00" >
　　< fk type = " Re" >据日本有关机构的统计 </fk >，
　　< fk type = " Cn" >在中国 </fk >
　　< jk type = " 1" >
　　　　< ss type = " 5" code = " C" >
　　　　　　< ss type = " 2" code = " T01Y∗22" form = "！3124" shid = " h8" >
　　　　　　　　< ek > < div comb = " ek + jk2" >投资 </div > </ek >、
　　　　　　</ss >
　　　　　　< ss type = " 2" code = " XS∗11" form = "！31" shid = " h8" >
　　　　　　　　<ek >经商 </ek >
　　　　　　</ss >、
　　　　　　< ss type = " 2" code = " Y0" form = "！24" >
　　　　　　　　< ek > < div comb = " ek + jk2" >从业 </div > </ek >的
　　　　　　　　< jk type = " 1" shedid = " 8" >日本公司 </jk >
　　　　　　</ss >
　　　　</ss >
　　</jk >
　　<ek >已经超过了 </ek >
　　< jk type = " 2" >2 万家 </jk >。
</s >

全句是一个相互比较判断句 jD00，第一个广义对象语义块由一个复杂句构成的要素句蜕"投资、经商、从业的日本公司"充当，在 < ss type = " 5" code = " C" >标注中，type 取值为"5"表示子句类型为由复杂句充当的原型句蜕，code 取值为"C"表示该子句的句类是复杂句的句类，由其里面说包含的多个子句的句类共同体现。用"C"来占位是因为约定 code 的取值不能为空。< ss >内嵌套了三个 < ss >元素用来标注构成复杂句的三个分句，三个分句的类型均为要素句蜕。这三个要素句蜕中，只有最后一个要素句蜕"从业的日本公司"是完整的，前面两个要素句蜕均缺省语义块，而缺省的语义块即为最后一个要素句蜕的中心语"日本公司"，也就是说，"日本公司"作为三个要素句蜕"投资"、"经商"、"从业的日本公司"共同的中心语。我们把这种形式的句蜕称为并合型的要素句蜕，即多个要素句蜕的中心语并合为一个中心语而存在。

(14) 星期天爸爸带他去博物馆看画展。

< s code = " R41104" >
 < fk type = " Cn" > 星期天 </fk >
 < jk type = " 1" > 爸爸 </jk >
 < ek > 带 </ek >
 < jk type = " 2" shedid = " 1" > 他 </jk >
 < jk type = " 3" >
  < ss type = " 6" code = " C" >
   < ss type = " 1" code = " T2b" form = "! 31" shid = " q1" >
    < ek > 去 </ek >
    < jk type = " 2" > 博物馆 </jk >
   </ss >
   < ss type = " 1" code = " T19" form = "! 31" shid = " q1" >
    < ek > 看 </ek >
    < jk type = " 2" > 画展 </jk >
   </ss >
  </ss >
 </jk >，
</s >

全句是一个扩展单项关系句 R41104，第三个广义对象语义块是块扩形式，是由复杂句构成的块扩"去博物馆看画展"充当，在 < ss type = " 6" code = " C" > 标注中，type 取值为"6"表示子句类型为由复杂句充当的块扩，< ss > 内嵌套了两个 < ss > 元素用来标注构成复杂句的两个分句，两个分句的类型均为原型句蜕。

2. 包装

包装是指修饰子句或被子句修饰的成分。包装句蜕由被包装体和包装品构成。包装品是整个包装句蜕的形式中心，用<pack>元素标记。被包装体由子句<ss>充当，是包装的必有元素。在汉语中，包装品一般位于子句的末端，位于前端的包装品一般是由数量短语构成的。因此，对于包装，设置了位置属性 pos，用以表示包装品位于被包装体的前面还是后面。如：

(15) 位于里斯本市拉帕区的帕德雷·巴托洛梅乌小学，是个有着悠久历史的名校。

```
<s code=" jD" >
  <jk type=" 1" >
    <ss type=" 2" code=" S02" form="！24" >
      <ek>位于</ek>
      <jk type=" 2" >里斯本市拉帕区</jk>的
      <jk type=" 1" >帕德雷·巴托洛梅乌小学</jk>
    </ss>
  </jk>,
  <ek>是</ek>
  <jk type=" 2" >
    <pack pos=" q" >个</pack>
    <ss type=" 2" code=" S0" form="！24" >
      <ek>有着</ek>
      <jk type=" 2" >悠久历史</jk>的
      <jk type=" 1" >名校</jk>
    </ss>
  </jk>。
</s>
```

全句是一个是否判断句 jD，第二个广义对象语义块是包装形式，包装品在前，由数量短语"个"充当，修饰被包装体，标注为"<pack pos=" q" >个</pack>"。被包装体是要素句蜕"有着悠久历史的名校"。

(16) 开学第一天不正式上课。

<s code=" T1S*11" form="！31" shid=" 0" >

```
< fk type = " Cn" >
    < ss type = " 1" code = " SP1 * 11" form = "！31" shid = "q1" >
        < ek > 开学 </ek >
    </ss >
    < pack pos = " h" >第一天 </pack >
</fk >
< ek > 不正式上课 </ek >，
</s >
```

全句是一个接收状态句 T1S * 11，辅语义块是包装形式，包装品在后，由时间短语"第一天"充当，作为辅语义块的中心语，标注为"< pack pos = " h" >第一天 </pack >"。被包装体是原型句蜕"开学"。

有时，包装品会与充当被包装体的句蜕中的某个语义块之间存在一种领属关系，即包装品领属句蜕中的某个语义块，对于这种现象，我们通过在包装元素 < pack > 中增加 of 的属性来予以标注。如：

(17) 经济困难的学生可免费就餐。

```
< s code = " T21" >
    < jk type = " 1" >
        < ss type = " 1" code = " S04" >
            < jk type = " 1" >经济 </jk >
            < jk type = " 2" >困难 </jk >的
        </ss >
        < pack pos = " h" of = " 1" >学生 </pack >
    </jk >
    < ek >可免费 < div comb = " ek + jk2" >就餐 </div > </ek >。
</s >
```

全句是一个物转移句 T21，第一个广义对象语义块是包装形式，包装品在后，标注为"< pack pos = " h" of = " 1" >学生 </pack >"，属性值对"of = " 1""表示包装品"学生"领属被包装体中的第一个广义对象语义块"经济"，即"学生的经济"。

(四) 语义块的分离

在句子中，同一个语义块的几个部分可能分离到不同的句法位置，但它们仍然是一个语义块,而不是变成多个,这就是语义块的分离现象。我们用分离语<sep>元素标示出分离的语义块部分。由于分离出去的语义块位置相当不固定,既可以分离到语义块的外部,也可以分离后插入到别的语义块内部,因此分离语这一元素在多个位置都可出现,它既可作为句子、子句的子元素,又可作为语义块的子元素。

对于分离语,我们要给出它的分离属性信息。要求属性信息能够揭示分离语是从哪个语义块中分离出来的,分离出去后位于其归属的语义块的前面还是后面,分离后的语义块是独立存在,还是与其他语义块融合在了一起,标注了这些属性特征将便于以后语义块的合一处理。通过反复实验,我们采用 id 属性来定位分离语元素。id 取值为 qn、hn。其中 q 和 h 分别表示向前分离和向后分离,即分离语位于其应归属的语义块的前面或者后面;n 表示序号,用来定位分离语。同时我们在存在分离现象的语义块元素中设置 sepid 属性,用来定位被分离语。分离语和被分离语之间存在一种对应关系,这种对应关系通过 id 中 n 的取值与 sepid 的取值相一致来实现。也就是说,对于分离语的标注,单纯标注分离语或存在分离现象的语义块这两个元素中的哪一个都无法完整准确地揭示分离语的分离属性信息,因此我们采用分离语和被分离语两个元素的属性值对相配合的方式予以标注。语义块的分离有几种情况:

1. 广义对象语义块分离

广义对象语义块的分离一般出现在全句的第一个广义对象语义块中。由于第一个广义对象语义块中插入了辅语义块或特征语义块的上装等语义成分,导致形式上广义对象语义块的某个块素出现分离现象。如:

(18) 但他们至今仍未与拆迁公司达成协议。

　　<s code=" R34Y0*21" >
　　　<correl>但</correl>
　　　<jk type=" 1" sepid=" 1" >他们</jk>
　　　<fk type=" Cn" >至今</fk>
　　　<sep id=" q1" >仍未</sep>
　　　<sep id=" h1" >与拆迁公司</sep>
　　　<ek sepid=" 1" >达成</ek>
　　　<jk type=" 2" >协议</jk>。
　　</s>

全句是一个关系效应句 R34Y0 * 21，第一个广义对象语义块是"他们与拆迁公司"，由于这个广义对象语义块中间插入了辅语义块"至今"和特征语义块的上装成分"仍未"，导致形式上"他们"与"与拆迁公司"出现分离。这里，我们把广义对象语义块中第一次出现的要素位置作为被分离语，标注为 < jk > 语义标签，而把后面出现的广义对象语义块的要素部分作为分离语，标注为 < sep > 语义标签。分离语与被分离语之间的对应关系通过属性值的对应关系来实现。在 " < jk type = " 1" sepid = " 1" >他们 </jk >"中，< jk >元素中包含 sepid 属性，表示该语义块存在分离现象，作为被分离语。属性 sepid 的值取 1，作为被分离语的定位号。在 " < sep id = " h1" >与拆迁公司 </sep >"中，< sep > 表示这是一个分离出去的语义块，id = " h1" 表示该分离语分离到了原语义块的后面，与被分离语的对应关系通过同取值"1"来实现。

该句中的分离属于广义对象语义块的前分离，即分离出去的语义块位于其应归属的语义块的前面，广义对象语义块的分离一般属于此情况。但也有后分离的情况，即分离出去的语义块位于其应归属的语义块的后面。如：

（19）但也有相当一部分亚洲国家增加了出口，如柬埔寨、越南、印度尼西亚、斯里兰卡、孟加拉国。

　　< cs type = " 3" >
　　　　< s code = " jD101" >
　　　　　　< correl >但 </ correl >
　　　　　　< ek >也有 </ek >
　　　　　　< jk type = " 2" shedid = " 1" sepid = " 1" >相当一部分亚洲国家 </jk >
　　　　</ s >
　　　　< s code = " X" form = "! 31" shid = " q1" >
　　　　　　< ek >增加了 </ek >
　　　　　　< jk type = " 2" >出口 </jk >，
　　　　　　< sep id = " h1" >如柬埔寨、越南、印度尼西亚、斯里兰卡、孟加拉国 </ sep >
　　　　</ s >。"
　　</ cs >

句中"< sep id = " h1" >如柬埔寨、越南、印度尼西亚、斯里兰卡、孟加拉国</sep >"标注分离出去的语义块,位于其应归属的第一个广义对象语义块"相当一部分亚洲国家"的后面。

2. 特征语义块分离

相对于广义对象语义块的分离,特征语义块的分离更为常见,尤其是特征语义块的上装修饰成分出现分离的情况最为常见。如:

(20) 我们需从大处着眼。

< s code = " T19" form = " ! 11" >

  < jk type = " 1" shedid = " 4" >我们</jk >

  < sep id = " q4" >需</sep >

  < jk type = " 2" conv = " Cn" >从大处</jk >

  < ek sepid = " 4" >着眼</ek >。

</s >

全句是一个针对性接收句T19,特征语义块的上装修饰成分"需"从特征语义块的核心部分"着眼"中分离出来,位于特征语义块的前面,独立为一个语义块。

特征语义块下装的分离,特征语义块的下装如果分离出去,那么一般分离到第二或第三个广义对象语义块的后面,独立为一个语义成分。如:

(21) 同济大学研究历史风貌保护多年的罗小未教授说。

< s code = " T31" form = " ! 32" shid = " q1" >

  < jk type = " 1" >

    < pack pos = " q" >同济大学</pack >

    < ss type = " 1" code = " X" form = " ! 24" >

      < ek sepid = " 1" >研究</ek >

      < jk type = " 2" >

        < ss code = " X" type = " 1" form = " ! 3121" shid = " 0" >

          < jk type = " 2" >历史风貌</jk >

          < ek >保护</ek >

        </ss >

      </jk >

    < sep id = " h1" >多年</sep >的

            <jk type=" 1" >罗小未教授</jk>
          </ss>
        </jk>
      <ek>说</ek>。
    </s>

"<sep id=" h1" >多年</sep>"这个分离语元素是从子句中的特征语义块"研究"中分离出来的。分离出去后独立存在,位于其应归属的特征语义块的后面。

在有些句类中,特征语义块的核心部分是一种复合式结构,构成特征语义块核心部分的各个要素在实际语言使用中也可能出现分离现象,这就是特征语义块的核心部分的分离。如:

(22) 国外早有大批学者做过这方面的研究。

<cs type=" 3" >
  <s code=" jD1" >
      <jk type=" 1" >国外</jk>
      <ek>早有</ek>
      <jk type=" 2" shedid=" 1" >大批学者</jk>
  </s>
  <s code=" D01" form="！31" shid=" q1" >
      <ek type=" 4" sepid=" 1" ><epart role=" EQ" >做过</epart></ek>
      <jk type=" 2" >这方面</jk>的
      <sep id=" h1" ><epart role=" E" >研究</epart></sep>
  </s>。
</cs>

"做过研究"是特征语义块的复合构成,属于高低搭配类型。"做过"是高层概念,用"epart role=" EQ""标注,"研究"是低层概念,用"<epart role=" E" >研究</epart>"标注,这两个块素中间由于插入了第二个广义对象语义块"<jk type=" 2" >这方面</jk>"而导致形式上呈现出分离的状态,我们将该句的语句格式确定为基本格式,那么存在分离现象的语义块是"做过",分离出去的语义块是"研究",分离属

性信息标注为"id = " h1"",表示分离出去后位于应还原位置的后面,其值与应还原位置 < ek > 元素中的 sepid 属性值相对应。

(五) 语义块的共享

语义块共享问题是我们从 HNC 句类的角度针对句子的语义块缺省现象提出的。汉语句子之间的关联以意合为主,出于简约的原则和表达的需要,当几个句子中的语义块成分相同时,往往这个相同的语义块成分只保留在其中的一个句子中,而其他的句子则省略这个语义块,这就造成汉语中存在着大量省略、语义成分共享等现象,成分共享是汉语表现复杂的连贯意义的主要语法手段。黄先生指出:"共享与半共享是大句组合结构的第一位基本特征,也是句群组合结构的第一位基本特征。对各种共享特征要进行系统深入的研究,为什么?因为它们直接关系到语言理解处理下列 4 项基本内容——格式、省略与指代、语义块的辨认与构成、要素的概念优选——的检验,这 4 项检验是语句理解的基本环节。一个语言信息处理系统(交互引擎)如果对这 4 项检验若明若暗,甚至茫然不知,那就谈不上理解。"可见研究语义块的共享现象对语言信息处理的重要性。

语义块缺省是一种十分普遍的语言现象,除了少数情况外,我们一般都可以在上下文语境中找到缺省的部分。对于一个句子是否出现了语义块缺省,我们可以根据 HNC 句类表示式和语义块的构成知识来判定。句类表示式规定了句子中所包含的主语义块的个数和性质,语义块的构成知识则规定了主语义块的要素构成和概念关联知识。如果句类知识要求的语义块在该句子中没有找到,或者必有的要素概念在该句子中没有找到,则判定句子出现了语义块缺省。我们在对语义块的共享信息进行标注时,主要应关注两方面的内容:句子省略了什么成分?省略的成分在哪里?

省略的成分如何标注?首先,需要对省略作进一步的细分。语义块的省略可分为整体省略和部分省略两种类型。整体省略是指构成句类表示式的某个主语义块整体全部省略,在标注时表现为一个主语义块的整体缺省,我们用语句格式 form 属性予以标注,form 的取值为"!3k",数字"3"表示是省略格式,k 表示句子省略了第 k 个广义对象语义块。部分省略是指构成句类表示式的某个主语义块的一部分要素省略了,该主语义块还保留了未省略的另一部分要素,其实也就是要素省略(语义块要素可以再分解为多个要素)。对于这种情况,因为部分省略的主语义块仍然保留了一部分要素用来占位,所以,从构成句类的主语义块的数量上来看不存在省略的，我们无法用语句格式 form 来标记，需要探讨另外的标注方法，关于这一问题，我们以后再作讨论。

按照其省略部分是否在上下文语境中出现可分为两种情况。一种情况是我们可以在上下文语境中找到其承前或蒙后省略的成分，也就是说，该省略部分共享了上下文中的某个语义块。另一种情况是该省略成分在上下文语境中无法找到，是一种虚省略，与上下文中的语义块不存在共享关系。语义块的共享是复句、单句、子句（句蜕或块扩）共同存在的现象，复句、单句、子句（句蜕或块扩）中的语义块都有可能因共享上下文语境中的语义块而省略。

在 HNC 中，出现共享现象的句子简称共享句。共享句有整体与局部之分，出现整体共享的句子简称共享句，出现局部共享（即要素共享）的句子简称半共享句，不存在共享现象的句子则为列句。前面已经提到，半共享句由于句子中的语义块只省略了一部分要素，还有一部分要素保留在句子之中，从形式上看并不存在语义块的缺省，故而无法用语句格式 form 元素加以标记，对半共享句的标注需要另外一种标注方法，在此我们不作探讨。这里，我们重点关注完全共享句的标注方法。

要描述这一语义信息，我们需对如下几方面做出回答：哪个句子存在语义块的共享现象？它共享了另外句子的哪个语义块？如何表示共享语义块和被共享语义块之间的对应关系？

对于成分共享这一语言现象的标注，有的研究者采用换行缩进表示法，将存在共享现象的句子即共享句和被共享的语义块所在的句子（以下简称被共享句）作为一个句组来标注。被共享句独立一行以正常的格式书写，共享句则视其共享的成分在被共享句的位置进行缩进表示。如图所示：

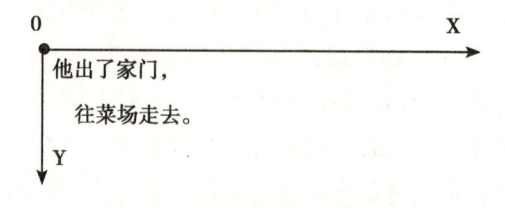

```
0                              X
┌─────────────────────────────→
│他出了家门，
│    往菜场走去。
│
▼
Y
```

图 5-2 共享句的表示

引入一个直角坐标系，原点在第一句左端，X 轴水平向右，Y 轴竖直向下。"他"和"出了家门"以及"往菜场走去"在 X 方向上相邻。只要忽略 Y 方向上的不同，它们都是连在一起的词语串，即"他出了家门"和"他往菜场走去"。第一句"他出了家门"是被共享句，第二句"往菜场走去"是共享句，主语"他"承前省略，与被共享句中的主语"他"之间是一种成分共享关系，共享句采用换行缩进表示，第二句下移一行，并缩进到第一句的主语"他"之后。这样就与被共享句的主语产生一种对齐关系。这种换行缩进表示法标注的结果简洁，可视性强。

但是，换行缩进表示法受到标注位置的严格限制，其标注不够灵活，故而只能标注比较简单的成分共享关系，对于一些复杂的成分共享则无法实现准确地标注。比如，当被共享句和共享句之间不是紧邻关系，而是中间间隔了一个或多个句子时，那么共享句中共享的成分究竟是被共享句中的成分还是共享句的前一个句子中的成分，换行缩进表示法则无法标示。再比如，当共享句中的共享成分同时共享多个被共享句中的成分时，换行缩进表示法也无法表示清楚。

在对各种共享现象的全面考察的基础上，我们制订了关于语义块共享的标注方法。这种标注方法能够标注共享句中各种类型的共享现象。句子间的语义块存在共享，这是句子省略的一种表现，也就是说，缺省的语义块并非真的不存在，而是共用了另外句子的语义块，这个语义块可以在本句或上下文中找到，我们通过语句格式信息和共用语义块信息相结合，就可以用来标记语言中存在的大部分省略现象，为浅层隐知识揭示的处理提供有价值的标注信息。经过多次尝试和反复修改，最终我们采用 shid 属性和 shedid 属性相配合的方式来描述共享关系。shid 属性出现在存在共享现象的复句、单句或句蜕（或块扩）元素中，取值为 q/hn 或 0。shid 属性与该元素中的语句格式 form 属性同现：只要出现 shid 属性，form 属性的值一定是"！3k"，表示该句省略了哪个语义块，通过 shid 属性指示省略的这个语义块是向前/向后共享另外句子的语义块（shid 的属性值中的 q 和 h 分别表示向前共享和向后共享。n 是位置号），还是这个省略的语义块在上下文语境中根本就没有出现（shid 的属性值为 0）。shedid 作为语义块元素的一个属性，其值与 shid 中的 n 相对应，表示该语义块被 shid 属性所在的语句共享。通过对 shid 和 shedid 两个属性的设置，就可以描述缺省的语义块位于上下文中的哪个位置，对各种整体语义块共享现象进行标注。下面将就语义块共享的各种类型逐一进行描述。

1. 向前共享和向后共享

共享句所共享的语义成分如果出现在共享句的前面，即为向前共享；如果出现在共享句的后面，即为向后共享。

向前共享的例句如：

(23) 我们过了江，进了车站。

　< s code = " T2b3" >
　　< jk type = " 1" shedid = " 1" > 我们 </jk >
　　< ek > 过了 </ek >
　　< jk type = " 2" > 江 </jk >，
　</s >
　< s code = " T2b" form = "！31" shid = " q1" >
　　< ek > 进了 </ek >
　　< jk type = " 2" > 车站 </jk >。
　</s >

第二句是一个共享句，向前共享第一句的第一个广义对象语义块。我们在第二句的 < s > 元素中标注 shid = " q1" 表示该句向前共享，且共享的语义成分标注的位置号为 1。第一句中的第一个广义对象语义块中标注了属性 shedid = " 1" 正好与其相呼应。

向后共享的例句如：

(24) 看到你们这么年轻的一代人关心中医，我们非常高兴。

　< s code = " T19" form = "！31" shid = " h1" >
　　< ek > 看到 </ek >
　　< jk type = " 2" > 你们这么年轻的一代人关心中医 </jk >，
　</s >
　< s code = " T2b" form = "！31" shid = " q1" >
　　< jk type = " 1" shedid = " 1" > 我们 </jk >
　　< ek > 非常高兴 </ek >。
　</s >

第一句是一个共享句，向后共享第二句的第一个广义对象语义块。我们在第一句的 < s > 元素中标注 shid = " h1" 表示该句向后共享，且共享的语义成分标注的位置号为 1。第二句中的第一个广义对象语义块中标注了属性 shedid = " 1" 与其相呼应。

2. 迭句和链句

共享句中有两个子类特别值得关注：一是迭句，即居后句子的 GBK1（第一个广义对象语义块）借用居前句子的 GBK1；二是链句，即居后句子的 GBK1 借用居前句子的 GBKmax（表示最后一个 GBK）。迭句或链句可以连续重复，形成"一迭到底"或"环环相链"的奇异现象。（池毓焕，2005）

对于迭句，我们标注如下：

（25）有的学校还组织一些娱乐活动，以增加入学新生对学校的兴趣。

<s code =" X" >
  <jk type =" 1" shedid =" 1" >有的学校</jk>
  <ek>还组织</ek>
  <jk type =" 2" >一些娱乐活动</jk>，
</s>
<s code =" X" form ="！31" shid =" q1" >
  <correl>以</correl>
  <ek>增加</ek>
<jk type =" 2" >
  <ss type =" 2" code =" SP1∗11" form ="！2" >
    <ek>入学</ek>
    <jk type =" 1" >新生</jk>
  </ss>对学校的兴趣
</jk>。
</s>

这是两个相邻的句子，后面句子的第一个广义对象语义块承前省略，共享了前面句子的第一个广义对象语义块"有的学校"，两个句子之间构成链句关系。标注时，我们在后面句子的句子元素 <s> 内增加共享属性 shid，属性值"q1"表示共享成分出现在该句的前面，位置号为"1"。前面句子的第一个广义对象语义块标注为 <jk type =" 1" shedid =" 1" >有的学校</jk>，其内的 shedid 属性表明该成分被其他句子共享。其取值为"1"，与共享它的句子中的 shid 的数字相同，形成一种对应关系。迭句在标注时的特征表现为：<s>元素中的 shid 属性取值为

"qn"，n 的具体取值与前一句的第一个 <jk> 元素中的 shedid 的值相同。

对于链句，我们标注如下：

(26) 但有一件小事，却于我有意义。

  < cs type = " 3" >

   < s code = " jD1" form = "！31" shid = " 0" >

    < correl >但 </correl >

    < ek >有 </ek >

    < jk type = " 2" shedid = " 1" >一件小事 </jk >

   </s >，

   < s code = " S" form = "！31" shid = " q1" >

    < sep id = " q1" >却 </sep >

    < fk type = " Re" >于我 </fk >

    < ek type = " 5" sepid = " 1" >

     < epart role = " E" >有 </epart >

     < epart role = " EH" >意义 </epart >

    </ek >

   </s >，

  </cs >

  这是一个复句，复句中包含两个句子元素，第二个句子的第一个广义对象语义块省略，用属性 form = "！31" 表示，共享第一个句子的最后一个广义对象语义块"一件小事"，用属性 shid = " q1" 和第一个句子中的最后一个广义对象语义块 < jk type = " 2" shedid = " 1" > 内的属性 shedid = " 1" 配合标注。这是链句的标注特征。此外，该复句的第一个子句也是一个共享句，只是共享的成分未在上下文中出现，我们通过在 < s > 元素中设置 form = "！31" 和 shid = " 0" 这两个属性予以表示。对于链句，如果居前句子被共享的语义块是一个要素句蜕的形式，那么被共享成分也有可能标注在要素句蜕的中心语上。如：

(27) 忽然想起日日走过的荷塘，在这满月的光里，总该另有一番样子吧。

  < s code = " D01" form = "！31" shid = " h1" >

   < ek >忽然想起 </ek >

   < jk type = " 2" >

　　　　　< ss type = " 2" code = " T2b3S∗22" form = "！31" shid = "h1" >
　　　　　　　< ek >日日走过</ek >的
　　　　　　　< jk type = " 2" shedid = " 2" >荷塘</jk >，
　　　　　</ss >
　　　</jk >
　<//s >
　< s code = " S0" form = "！31" shid = " q2" >
　　< fk type = " Cn" >在这满月的光里</fk >，
　　< ek >总该另有</ek >
　　< jk type = " 2" >一番样子吧</jk >。
　</s >

居后句子承前省略第一个广义对象语义块，共享居前句子的最后一个广义对象语义块"荷塘"，意为"荷塘总该另有一番样子"。这里，没有把被共享成分的属性标注在居前句子的直接子元素 < jk type = " 2" > "日日走过的荷塘"中，而是标注在这个直接子元素里面所包含的子句 < ss >元素中的< jk >里，也就是说，将被共享的成分进一步落实到了要素句蜕的中心语上，对被共享成分的标注更加明确而具体。

3. 句内共享和句间共享

根据共享成分是否存在于共享句内，我们可以将语义块的共享分为句内共享和句间共享两种类型。

句内共享是指共享成分和共享句位于同一个句子中，这个共享句中存在句蜕或块扩的情况，句蜕或块扩中的某一个语义块共享句子中的某个语义成分。标注时共享属性和被共享属性位于同一个标注单位（句子或复句）中。如：

（28）1996年以来的六次降息使部分储蓄存款增量向股市分流。
　< s code = " XY" >
　　< jk type = " 1" >1996年以来的六次降息</jk >
　　< ek >使</ek >
　　< jk type = " 2" shedid = " 1" >部分储蓄存款增量</jk >
　　< jk type = " 3" >
　　　　< ss type = " 3" code = " T0a" form = "！3111" shid = "

q1" >
        < jk type = " 2" >向股市 < /jk >
        < ek >分流 < /ek >
      < /ss >
  < /jk >,
< /s >

句中的子句"向股市分流"属于原型句蜕,是一个共享句,第一个广义对象语义块承前省略,向前共享全局的第二个广义对象语义块"部分储蓄存款增量"。

句间共享是指共享成分和共享句不位于同一个句子中,句间共享的形式复杂多样,共享句可以只是一个简单句,也可以是句蜕或块扩等其他形式。根据共享成分出现的位置,句间共享又可分为相邻共享和不相邻共享两种子类型。

4. 相邻共享和不相邻共享

根据句子在上下文中的相互位置,句间共享可以分为相邻句子的共享和不相邻句子的共享。统计中,我们得出,紧邻省略与隔句省略的比例约3:2。两种省略类型都很常用。

相邻共享是指共享成分所在的句子与共享句相邻的共享现象。共享成分紧邻共享句,位于共享句的前面或后面。迭句和链句就属于相邻共享的类型,其他的相邻共享情况如:

(29)下半年改革发展稳定的任务十分艰巨,我们丝毫松懈不得。
< s code = " S04" >
    < fk type = " Cn" >下半年 < /fk >
    < jk type = " 1" shedid = " 1" >改革发展稳定的任务 < /jk >
    < jk type = " 2" >十分艰巨 < /jk >,
< /s >
< s code = " X20" form = "! 31" shid = " q1" >
    < jk type = " 1" >我们 < /jk >
    < ek >丝毫松懈不得 < /ek >。
< /s >

第二句的第二个广义对象语义块缺省,共享前面紧邻的句子的第一个广义对象语义块"改革发展稳定的任务"。标注中,第二句 < s >元素中

设有属性值对"shid = " q1"",表示其共享的成分出现在前面,标号为"1"。前一句的第一个广义对象语义块中设有属性值对"shedid = " 1"",共享句与被共享成分两者的位置及标号均相呼应。

不相邻共享是指共享成分所在的句子与共享句不相邻的共享现象。共享成分与共享句之间还间隔了一个或一个以上句子成分。相对于相邻共享而言,不相邻共享会给共享成分的判定带来较大的困难。因为在不相邻共享现象中,共享句中缺省的语义成分并不是紧邻其前后句子中的语义成分,到底向前或向后分析到哪个句子才能找到其共享的语义成分,这是判定中需要面临的一个很大的难题。如:

(30) 集团内几个大中型企业停产或半停产,累计亏损 8623 万元,富余人员多达 10390 人,还有待业青年 11839 名。

< s code = " P1S * 10" >
  < jk type = " 1" shedid = " 1" >集团内几个大中型企业 </jk >
  < ek type = " 2" > < epart role = " E1" > 停产 </epart > 或 < epart role = " E2" >半停产 </epart > </ek > ,
</s >
< s code = " Ya0" form = " ! 31" shid = " q1" >
  < ek >累计亏损 </ek >
  < jk type = " 2" >8623 万元 </jk > ,
</s >
< s code = " S0" >
  < jk type = " 1" >富余人员 </jk >
  < ek >多达 </ek >
  < jk type = " 2" >10390 人 </jk > ,
</s >
< s code = " jD1" form = " ! 31" shid = " q1" >
  < ek >还有 </ek >
  < jk type = " 2" >待业青年 11839 名 </jk > ;
</s >

这一组句子中,第二句和第四句都出现了语义块缺省,且能在上下文中找到,是共享句。但共享的特征有别。第二句"累计亏损 8623 万元,"承前省略主语,其缺省的第一个广义对象语义块就是其前一句的第一个广义对象语义块"集团内几个大中型企业",是一个迭句的形式。第四句"还有待业青年 11839 名;"也是承前省略主语,但是其缺省的第一个广义对象语义块却不是紧邻它的前面句子的主语"富余人员",而是不相邻的其前面的第三个句子"集团内几个大中型企业停产或半停产"中的第一个广义对象语义块,是"(集团内几个大中型企业)还有待业青年 11839 名"。标注时,我们在第四句的 < s > 元素中标注属性值对"shid = " q1"",在第一句中的第一个广义对象语义块中标注属性值对"shedid = " 1"",第二句的 < s > 元素同样标注属性值对"shid = " q1""。也就是说,第二句和第四句共享同一个广义对象语义块。

5. 多位置共享

多位置共享中,共享的语义块或被共享的语义块不只出现在一个位置上,而是涉及多个位置。

分为两种情况:

一种情况是多个共享句共享同一个语义成分,如上面例子中第二句和第四句两个共享句共享的是同一个语义成分,均为第一句的第一个广义对象语义块。标注时,将出现两个属性值对""shid = " q1""" 对应一个属性值对"shedid = " 1""的现象。

另一种情况是一个共享句共享多个语义成分。共享的多个语义成分既可以是语义块,也可以是句子。标注时,被共享的成分仍按顺序正常标注,但要注意标注的位置号不重复;共享句的标注有所不同,因为共享了多个语义成分,所以,共享句中 shid 属性的取值可以为多个,我们用小括号里面包含多个属性值的方式来表示,属性值之间用英文逗号分隔。如:

(31)协管员协助民警指挥交通。

< s code = " R31104" >

   < jk type = " 1" shedid = " 1" >协管员 </jk >

   < ek >协助 </ek >

   < jk type = " 2" shedid = " 2" >民警 </jk >

   < jk type = " 3" >

     < ss type = " 3" code = " X" form = "! 31" shid = " (q1, q2)" >

      < ek >指挥 </ek >

　　　　< jk type = " 2" >交通 </jk >
　　</ss >
</jk >。
</s >

在这个例子中，共享句"指挥交通"是一个子句，它的第一个广义对象语义块缺省，共享前面的两个语义成分，分别是"协管员"和"民警"。我们在"协管员"和"民警"这两个元素中分别设置被共享属性 shedid = " 1" 和 shedid = " 2"，在共享句元素中设置一个共享属性 shid = " （q1，q2)"，表示该共享句向前共享位置号为"1"和"2"的两个语义成分。

共享句共享的语义成分还可以是多个句子。如：

（32）科学家预言，纳米时代的到来不会很久，它在未来的应用将远远超过计算机工业，并成为未来信息时代的核心。

< s code = " D" form = " ! 32" shid = " （h1，h2，h3)" >
　< jk type = " 1" >科学家 </jk >
　< ek >预言 </ek >，
</s >

< s code = " S04" shedid = " 1" >
　< jk type = " 1" >纳米时代的到来 </jk >
　< ek >不会很久 </ek >，
</s >

< s code = " jD00" shedid = " 2" >
　< jk type = " 1" >它在未来的应用 </jk >
　< ek >将远远超过 </ek >
　< jk type = " 2" >计算机工业 </jk >，
</s >

< s code = " Y02" shedid = " 3" >
　< correl >并 </correl >
　< ek >成为 </ek >
　< jk type = " 2" >未来信息时代的核心 </jk >。
</s >

该例中，第一句是共享句，第二个广义对象语义块缺省，向后共享后

面的三个句子。也就是说，第 2—4 个句子合起来充当第一句缺省的语义成分。我们在被共享的句子元素中分别设置了被共享属性 shedid，并且设置了位置号。然后在共享句中设置了共享属性 shid，取值为 shid = "（h1，h2，h3）"，与被共享成分相对应。

在出现省略的句子或小句中，大部分省略的语义块整体或部分可以从上下文中恢复出来。语义块共享关系的处理就是对省略了的语义块或其一部分进行恢复的过程，这就是语义块省略处理。通过对语义块共享关系的标注，可以为计算机对省略现象的恢复处理提供测试语料。

6. 字段

字段是本语料库标注的最末一级语言单位。字段是字与字的集合，其范围大于或等于词语。在我们的语料库中，对两类特殊字段予以了关注：歧义字段和未登录词。

文本中歧义字段的切分问题是中文信息处理要解决的一个关键问题。汉语中歧义字段有以下两种基本类型：交集型歧义字段和组合型歧义字段（梁南元，1987）。

对于字段 AJB，这里，A，J，B 分别代表有一个或多个汉字组成的字串。如果 AJ 和 JB 同时为词，J 为交集部分，那么我们称字段 AJB 为交集型歧义字段。如："中国人"这个字段就存在"中国/人"和"中/国人"两种切分结果，为交集型歧义字段。据统计，这种歧义字段占全部歧义字段的 85% 以上。交集型歧义实际上是一种层选模糊，即我们优先 AJ 和 JB 哪一层进行切分，以对其进行解模糊处理。对于字段 AB，如果 A，B 和 AB 同时为词，那么我们称字段 AB 为组合型歧义字段。如：他/具有/非凡/的/才能/。只有/他/才/能/举起/这/个/重物/。"才能"在不同的语境下可以拆也可以合，为组合型歧义字段。组合型歧义实际上是对真词与伪词的辨识，也就是说，"才能"合起来使用的时候是作为真词出现，而拆分开来使用时则是作为伪词（形式上是词，实际上是词与词的组合）出现的。

在语料库中，我们使用 < ambi > 元素来标注歧义字段，并在 < ambi > 元素里设置了 type 属性来表示歧义的类型。type = " 1" 表示交集型分词歧义，type = " 2" 表示组合型分词歧义。标注如下：

< s > 他 < ambi type = " 1" > 昨天才 </ambi > 回来。</ s >

< s > 孩子进校第一天，校方 < ambi type = " 2" > 要领 </ambi >

孩子参观学校的各种设施。</s>

例子中"昨天才"是一个交集型歧义字段,"要领"则是一个组合型歧义字段。

未登录词是指没有在计算机词表中出现,在汉语文本中又应该当作一个词来看待的那些字符串。包括人名、地名、组织机构名、事件名、缩略语、派生词、各种专业术语以及不断产生的一些新词语。未登录词种类繁多,对其识别正确与否直接影响到信息理解和处理的效果。本语料库对未登录词的范围进行了扩展,除了前述所列举的原词表中未收录而应登录的新词外,还包括不需登录的动态新词,按词语的语法功能可分为不需登录的体词性新词或短语和不需登录的谓词性新词或短语两类。对于未登录词的类型我们同样也用 type 属性予以标记。标注如下:

　　<s>我看到由几幅山水画组成的<word type=" 1" >组画</word>,</s>

　　<s>在湖中,昔日的激滟的<word type=" 3" >绿波</word>为坚冰所取代。</s>

　　<s>不知名的小花,从春天<word type=" 3" >开起</word>,</s>

这里,我们将"组画"、"绿波"和"开起"都标注为未登录词,但三个未登录词分属不同的类型,"组画"属于应该收录而词表中未予收录的应登录新词;"绿波"是形容词与名词的动态临时组合,属于不需登录的体词性新词;"开起"是动词及其补充成分的动态组合,属于不需登录的谓词性新词。

做好未登录词的标注工作,对未登录词的判定以及整个语篇的理解和处理都具有重要的意义。

第二节　标注难点

本语料库建设的初衷就是尽可能选取题材广泛的各种语料,以便发现和分析各种各样的语言现象,并对其进行语义标注。由于选取的语料范围广,语言本身固有的灵活性等特点,使得我们在标注中遇到了一些难点。通过对这些标注难点的分析和探讨,将有利于我们对语言的进一步深入认识。标注的难点主要表现在如下几个方面:

一 语义块核心要素的部分缺省

在这57种基本句类中,有些构成句类的语义块是由多对象来充当的。这些句类有:基本交换句(T49)、双向替代句(T4a)、扩展双向替代句(T4a0)、双向关系句(Rm)、扩展双向关系句(Rm0)、相互比较判断句(jD000)。在这些句类中,第一个广义对象语义块的核心要素是由多个部分组成的。其中,前五种句类的第一个广义对象语义块的核心要素由两个或两个以上的对象构成,最后一种句类——相互比较判断句的第一个广义对象语义块的核心要素的构成则更为复杂,是由两个或两个以上的对象要素再加上内容要素共同构成的。

在这些句类中,当语义块的核心要素只是部分出现,而省略了一个或多个其他部分时,我们认为语义块的核心要素存在部分缺省,在作语义标注时,应该把这种现象标注出来。这样的省略现象在语篇中又表现出不同的特点:

(一)单句中的省略

由于上下文的句子中出现过,造成单句中语义块的一部分承前或蒙后省略。

(33)秋天,枫叶变红,与苍松翠柏,相映成趣。

< s code = " Y" >秋天,枫叶变红,</s>

< s code = " R0" form = "!07" >

  < jk type = " 1" >与苍松翠柏</jk>,

  < ek >相映成趣</ek>。

</s>

在关系句中,只保留了关系的第二个对象要素,而省略了关系的第一个对象要素。此句分为两个句子标注,前句是效应句Y,后句是双向关系句R0,第一个广义对象语义块由两个对象要素充当,这里省略了第一个对象要素,只保留了第二个对象要素"苍松翠柏"及两个要素之间的组合标志符"与"。

再如:

(34)领导们会意,与医生胡扯了几句便借故离开了医院。

< s code = " D01" form = "!32" shid = " 0" >

  < jk type = " 1" >领导们</jk>< ek >会意</ek>,

```
    </s>
    <cs type=" 2">
        <s code=" T3T49*20">
            <jk type=" 1" >与医生</jk><ek>胡扯</ek><jk type=" 2" >几句</jk>
        </s>
        <s code=" T2b1">
            <ek>便借故离开</ek>了<jk type=" 2" >医院</jk>
        </s>。
    </cs>
```

这里,"与医生胡扯了几句"是一个信息交换句,第一个广义对象语义块是交换的双方,在此省略了第一方,而只保留了第二方"医生"和组合标志符"与"。

(二) 复合句中的省略

有时,在一个标注单位内,当该标注单位是一个复句时,也会出现语义块的一部分省略的情况,省略的部分可以在本标注单位内部找到。

(35) 在尹西村,温家宝站在地头和农民们亲切交谈,
```
<cs type=" 1" >
    <s code=" S02" >
        <fk type=" Cn" >在尹西村</fk>,
        <jk type=" 1" shedid=" 1" >温家宝</jk>
        <ek>站在</ek>
        <jk type=" 2" >地头</jk>
    </s>
    <s code=" T49" >
        <jk type=" 2" >和农民们</jk>
        <ek>亲切交谈</ek>
    </s>,
</cs>
```

该复句是由"温家宝站在地头"与"和农民们亲切交谈"两个单句组成。第二个单句是信息交换句,充当该单句的第一个广义对象语义块应由两个或两个以上的对象要素构成,这里只保留了第二个对象要素"农

民们"与组合标志符"和",承第一个单句的第一个广义对象语义块省略了第一个对象要素"温家宝"。

再如：

(36) 普京未能按时前往某地跟他接头。

< cs type = " 1" >
    < s code = " T2b" >
        < jk type = " 1" shedid = " 1" >普京< /jk >
        < ek >未能按时前往< /ek >
        < jk type = " 2" >地头< /jk >
    < /s >
    < s code = " R0" >
        < jk type = " 2" >跟他< /jk >
        < ek >接头< /ek >
    < /s >。
< /cs >

该复句是由"普京未能按时前往某地"与"跟他接头"两个单句组成。第二个单句是双向关系句，充当该单句的第一个广义对象语义块应由两个对象要素构成，这里只保留了第二个对象要素"他"与组合标志符"跟",承第一个单句的第一个广义对象语义块省略了第一个对象要素"普京"。

(三) 句类转换中的省略

在其他句类向是否判断句的转换过程中，当转换前的句子是上述句类时，那么其语义块要素的一部分往往作为强调成分而充当是否判断句的第一个广义对象语义块，造成形式上转换前的句子的语义块元素部分缺省。

(37) 这一条路是同这一部伟大的作品有某一些联系的。

< ss code = " jD" tcode = " R0" >
    < jk type = " 1" >这一条路< /jk >
    < ek >是< /ek >
    < jk type = " 2" >
        < ss type = " 1" code = " R0" form = " ! 07" >
            < jk type = " 1" >同这一部伟大的作品< /jk >
            < ek type = " 4" >

　　　　　　< epart role = " EQ" >有 </epart >
　　　　　　< epart role = " E" >某一些联系 </epart >
　　　　</ek >
　　</ss >
</jk >的。
</s >

此句是一个转换句类，是双向关系句向是否判断句的转换。双向关系句中的第一个广义对象语义块由两个要素充当，分别是"这一条路"和"这一部伟大的作品"。在本句中，将第一个要素"这一条路"单独提出来作为强调部分，充当了是否判断句的第一个广义对象语义块，关系句中的其他语义成分都作为了是否判断句的第二个广义对象语义块。

再如：

（38）党中央及时出台了一系列重大政策措施，扶持受"非典"疫情冲击较大行业。

< s code = " X" >
　< jk type = " 1" >党中央 </jk >
　< ek >及时出台了 </ek >
　< jk type = " 2" >一系列重大政策措施 </jk >，
</s >
< s code = " R311" form = "！31" >
　< ek >扶持 </ek >
　< jk type = " 2" >
　　< ss code = " S04" type = " 2" >
　　　< jk type = " 1" >
　　　　< ss code = " X10" type = " 1" form = "！31" shid = " h1" tcode = " X" >
　　　　　< ek >受 </ek >
　　　　　< jk type = " 2" >
　　　　　　< ss code = " X" type = " 1" form = "！32" shid = " h1" >
　　　　　　　< jk type = " 1" >"非典"疫情 </jk >
　　　　　　　< ek >冲击较大 </ek >

                    </ss>
                </jk>
                <jk type = " 1" shedid = " 1" >行业 </jk>
            </ss>
        </jk>
    </ss>
</jk>,
</s>

　　这段语串是由两个句子组成。第二句"扶持"的对象是"受'非典'疫情冲击较大行业",它是一个由"行业"充当中心语的要素句蜕。这个要素句蜕的复杂之处在于它存在着句类转换,是基本作用句 X 向一般承受句的转换,所以呈现给我们的标注形式是要素句蜕中又嵌套着原型句蜕。一般承受句的第二个广义对象语义块是基本作用句。基本作用句中,"冲击"的对象蒙后省略,指向一般承受句的第一个广义对象语义块"行业"。

　　总而言之,语义块核心要素的部分缺省一般来说表现为这三种情况。这种缺省的特点是结构完整而语义不完整,我们在标注时需要指出这里存在语义块核心要素的部分缺省,同时尽可能指出缺省的要素在哪里。按照我们原来的标注规范是无法揭示这样的语义信息的。在原来的标注规范中,语义块的省略是通过语句格式代码的取值来揭示的,省略的格式代码一般表示式为"！3k"(k=0—3),分别表示句中省略了特征语义块、第一个广义对象语义块、第二个广义对象语义块、第三个广义对象语义块的情况。不过,对于因为上面所列的这三种情况中,语义块并未完全缺省,还是保留了部分核心要素占据了语义块的位置,这样就不能用"！31"(省略第一个广义对象语义块)来表示。

　　鉴于这种省略的特殊性,我们提出一种表示方法,即仍然使用省略的格式代码的一般表示式"！3k",只是当语义块的部分核心要素缺省时,我们采用 k=4 来表示,即 form = "！34"。如此,既对这种特殊的省略现象给出了标注方法,又与原来的标注规范基本保持了一致性。

二　包装品与分离语

　　在进行语料标注的过程中,往往会出现一个成分可用多个语义标签标注的情形，也就是说，句子中的某个成分从语义上可以做多种理解。这就是语义成分的歧义标注问题。有时不同的标注者会根据自己的理解对一个句子成分进行不同的标注。当然，这只是理解的不同，并没有孰对孰错之分。而且，语义成分存在歧义理解的这种情况并不多，我们最常遇到的就是语义成分是包装还是分离的归属问题。如：

（39）大约 1 万多名来自吉各州的群众聚集在政府大楼前的阿拉套广场上。

< s code = " S02Y9 * 22" >
　< jk type = " 1" >
　　< ss code = " T2b1" form = " ! 24" type = " 2" >
　　　< pack pos = " q" >大约 1 万多名 </pack >
　　　< ek >来自 </ek >
　　　< jk type = " 2" >吉各州 </jk >的
　　　< jk type = " 1" shedid = " 2" sepid = " 3" >群众 </jk >
　　</ss >
　</jk >
　< ek >聚集在 </ek >
　< jk type = " 2" >政府大楼前的阿拉套广场上 </jk >，
</s >

这个句子中，"大约 1 万多名来自吉各州的群众"充当全句的第一个广义对象语义块。在这个短语内部，"来自吉各州的群众"是一个拥有完整语义块的要素句蜕，其语义类型是一个自身转移句。"大约 1 万多名"这部分语串位于句蜕的前面，是句蜕的包装品，修饰整个要素句蜕。按照此种分析，我们是把第一个广义对象语义块看成要素包装句蜕。

对于这个句子的第一个广义对象语义块，我们还有第二种分析方法。即："来自吉各州的群众"仍然作为要素句蜕，"群众"是要素句蜕的中心语。把"大约 1 万多名"不看作包装品，而是看做从"群众"中分离出去的部分，还原回去的句子深层结构应该是"来自吉各州的大约 1 万多名群众"，按照这样的分析，我们这部分的标注形式如下：

　< ss code = " T2b1" form = " ! 24" type = " 2" >
　　< sep id = " h3" >大约 1 万多名 </sep >

```
   <ek>来自</ek>
   <jk type="2">吉各州</jk>的
   <jk type="1" sepid="3">群众</jk>
</ss>
```

再看下面的例子：

(40) 而收入有限的他们恰恰对此最为敏感。

```
<s code="X20" form="!11">
   <correl>而</correl>
   <jk type="1">
      <ss type="2" code="S04">
         <jk type="1">收入</jk>
         <jk type="1">有限</jk>
      </ss>的
      <pack of="1">他们</pack>
   </jk>
   <sep id="h1">恰恰</sep>
   <jk type="2">对此</jk>
   <ek sepid="1">最为敏感</ek>。
</s>
```

这个句子中，"收入有限的他们"充当全句的第一个广义对象语义块。在上面的标注中，我们把它看作了原型包装句蜕，"收入有限"是原型句蜕，句类为简明状态句S04，"他们"是包装品，在包装元素pack中我们增加了一个of属性（of="1"），用来表示包装成分领有被包装体——原型句蜕中的第一个广义对象语义块，即"他们"领有"收入"，深层语义上作"他们收入有限"理解。

第二种分析方法就是把"他们"看作分离语，是从原型句蜕的第一个广义对象语义块"收入"中分离出去的部分，充当全句的第一个广义对象语义块的中心语，整个原型句蜕作为这个分离语的修饰成分。按照这样的分析，全句的第一个广义对象语义块的标注形式如下：

```
<jk type="1">
   <ss type="2" code="S04">
      <jk type="1" sepid="1">收入</jk>
```

```
            < jk type = " 1" >有限</jk >
    </ss >的
    < sep id = " q1" >他们</sep >
</jk >
```

从语言研究的角度讲，做哪种分析都有一定的道理，都是可以接受的。不过，从工程的角度讲，我们还是需要对多种分析方式做一个统一的处理。这就需要选一种更简明、更便于操作的标注方式。

从上面我们对两个句子的分析可以发现，如果标注成分离语，那我们只能分析出分离语是从哪个语义块中分离出来的，而不能指明还原回去后它与被分离语之间的位置关系，也就是说，我们不能从分离的标注中得出分离语是修饰被分离语的，还是为被分离语所修饰。在第二个例子中，"他们"是分离语，"收入"是被分离语，在标注中，我们就无法得出是"他们"修饰"收入"，还是"收入"修饰"他们"。这样的标注就存在一个修饰关系不明晰的问题。

而标注成包装成分，则不会出现这样的问题。一方面，我们可以通过包装成分的位置来判断修饰与被修饰的关系。一般来说，包装成分在前的为修饰成分，包装成分在后的为中心语。另一方面，当要指明包装成分与句蜕中的某个语义块存在一种领属关系时，我们又通过在包装元素中增加一个of属性来予以指明，如第二个例子。

可见，当句蜕中的主语义块相对完整，包装成分与句蜕中的某个语义块仅存在修饰与被修饰的关系时，采用包装成分来进行标注能够比较明确地揭示句子中各个成分之间的语义关系。所以，在我们的标注语料库中，对类似的结构我们都采用了包装元素的标注方式。

类似的例子还有：

(41) 这个面积不到20万平方公里的国家有大量的非政府组织，几十个反对党。

```
    < s code = " jD1" >
        < jk type = " 1" shedid = " 2" >这个
            < ss code = " Y0S0*21" type = " 2" >
                < jk type = " 1" sepid = " 1" >面积</jk >
                < ek >不到</ek >
                < jk type = " 2" >20万平方公里</jk >
```

```
            </ss>的
          <pack pos="h" of="1">国家</sep>
      </jk>
      <ek>有</ek>
      <jk type="2">大量的非政府组织，几十个反对党</jk>，
</s>
```

但是，当句蜕中的主语义块不完整时，即主语义块的部分构成要素分离到了句蜕的前面或后面时，那么把这个句蜕外围的成分看作是包装品，就显得不合时宜了。请看下面的例子：

(42) 与社会主义市场经济发展相适应的金融体系初步形成。(《2003年政府工作报告》)

标注一：

```
<s code="Y">
  <jk type="1">
      <ss type="1" code="R7">
          <jk type="1">与社会主义市场经济发展</jk>
          <ek>相适应</ek>的
      </ss>
      <pack pos="h">金融体系</pack>
  </jk>
  <ek>初步形成</ek>。
</s>
```

全句是一个效应句Y。把全句的第一个广义对象语义块看作一个原型包装句蜕。这样的标注结构清晰。但是，却没有揭示出"金融体系"与"与社会主义市场经济发展"的关系。从语义上来讲，"金融体系"与"与社会主义市场经济发展"应该合为一个语义块，共同作为句蜕的第一个广义对象语义块。只是在实际语言的使用中，"金融体系"这个构成要素出现了块的分离。

标注二：

```
<s code="Y">
  <jk type="1">
      <ss type="1" code="R7">
```

　　　　　　　< jk type = " 1" sepid = " 1" > 与社会主义市场经济发展 </jk >

　　　　　　　　< ek > 相适应 </ek >
　　　　</ss > 的
　　　　< sep id = " h1" > 金融体系 </sep >
　　</jk >
　　< ek > 初步形成 </ek >。
</s >

　　全句是一个效应句 Y。把全句的第一个广义对象语义块看作一个原型句蜕。原型句蜕中的第一个广义对象语义块由两部分要素构成，分别是"与社会主义市场经济发展"和"金融体系"，其中的一部分"金融体系"从原型句蜕中分离出来，作为全句第一个广义对象语义块的中心语被原型句蜕所修饰。

　　可见，第二种标注方式深入地呈现了语义块内部的构成关系。对于类似的语言现象，我们选用这种标注方式。

　　类似的结构形式还有：

（43）而卢克则谈到了数十万年来与人类相伴的细菌。(《过度卫生也惹祸》)

　　句中，"与人类相伴的细菌"是一个伴随着语义块分离现象的变形句蜕，它是"细菌与人类相伴"的变体。变形前是一个原型句蜕，句类为双向关系句 R2。双向关系句的第一个广义对象语义块由关系的双方"细菌"和"人类"共同充当，当句蜕发生变形时，关系的一方"细菌"从原来的位置分离出去，到了原型句蜕的外围，形式上作为中心语，被原型句蜕所修饰。标注如下：

　　< s code = " T31Y30 * 21" >
　　　　< correl > 而 </correl >
　　　　< jk type = " 1" > 卢克 </jk >
　　　　< ek > 则谈到了 </ek >
　　　　< jk type = " 2" >
　　　　　　< ss code = " R2" type = " 1" >
　　　　　　　　< fk type = " Cn" > 数十万年来 </fk >
　　　　　　　　< jk type = " 1" sepid = " 1" > 与人类 </jk >

                <ek>相伴</ek>
            </ss>的
            <sep id=" q1" >细菌</sep>
        </jk>。
    </s>

再看下面的这个句子，其内部的语义关系则更为错综复杂：

(44) 一位在一家店铺内把玩古董，与老板聊得热火朝天的老大爷说：
    <s code=" T31" form="！32" shid=" h1" >
        <jk type=" 1" >
            <ss type=" 1" code=" X" form="！31" shid=" h1" >
                <fk type=" Cn" >在一家店铺内</fk>
                <ek>把玩</ek>
                <jk type=" 2" >古董</jk>，
            </ss>
            <ss type=" 2" code=" T49S*10" form="！24" >
                <jk type=" 2" sepid=" 1" >与老板</jk>
                <ek>聊得热火朝天</ek>
            </ss>的
            <sep id=" q1" shedid=" 1" >老大爷</sep>
        </jk>
        <ek>说</ek>：
    </s>

全句整体上是一个省略了转移内容的信息转移句，只保留了第一个广义对象语义块（转移者）和特征语义块。第一个广义对象语义块的构成极为复杂。"在一家店铺内把玩古董，与老板聊得热火朝天的老大爷"是一个既伴随着语义块分离，又伴随着语义块并合现象的句蜕。先说语义块的并合现象。这个语串我们可以分析为由两个句蜕构成，分别是"把玩古董（的老大爷）"和"与老板聊得热火朝天的老大爷"，前面的句蜕蒙后省略了内部的第一个广义对象语义块"老大爷"，借用后面句子的成分。而后面的句蜕又是一个伴随着语义块分离的句蜕，该句蜕的第一个广

义对象语义块由两个语义块要素组成，分别是"老大爷"和"老板"，"老大爷"作为一个块素从句蜕的第一个广义对象语义块中分离出来，到了句蜕的后面，作为中心语被句蜕所修饰。

通过上面的分析，我们知道，把句子中的某个成分看作是包装成分还是分离成分，要根据具体情况而定。如果该成分与前面句蜕中的主语义块是修饰与被修饰的关系，即该成分不充当前面句蜕中的语义块的核心块素，我们将之看做包装品。如果该成分与前面句蜕中的主语义块（只保留了一个核心块素）是并列关系，即该成分充当前面句蜕中的语义块和一个块素，那么我们将之看做是分离语。

三 "的"字短语

"的"字短语是将结构助词"的"附着在实词或短语后面构成的具有指称作用的体词性短语。"的"字短语指称人或事物，表示动作的发出者、物体的领有者、性质特点的所属者等意义。如，"卖菜的"意思是卖菜的人，"红的"意思是红的东西。

在汉语的表达中，当中心语所指事物不明时，往往要用一个"的"字短语来表示。这时"的"附着在名词、动词、形容词或名词短语、动词短语、形容词短语以及代词的后边，省略了后面其要表述的中心语，这时的"的"字短语具有名词性，在句子里独立充当一个广义对象语义块。

在语料标注中，当"的"字短语是由结构助词"的"附着在名词（或名词短语）或形容词（或形容词短语）后面时，我们把"的"字短语作为一个整体不予分析。当"的"字短语是由结构助词"的"附着在动词（或动词短语）后面时，我们就要分析"的"字短语的内部结构，将其作为一个句蜕来看待。只是这样的句蜕比较特殊，是省略了中心语的要素句蜕。请看下面的例子：

（45）孩子们要"酷"，做家长的却不那么轻松。（比尔·盖茨《21世纪的新新人类》）

< s code = " S04" >
  < jk type = " 1" >孩子们</jk >
  < jk type = " 2" >要"酷"</jk >,
</s >
< s code = " S04" >

```
    < jk type = " 1" >
        < ss type = " 2" code = " X10" form = " ! 31" >
            < ek > 做 </ ek >
            < jk type = " 2" > 家长 </ jk > 的
        </ ss >
    </ jk > < jk type = " 2" > 却不那么轻松 </ jk > 。
</ s >
```

语串"做家长的"是一个"的"字短语，可以看做是省略了中心语的要素句蜕。意为"做家长的人"，"的"附着在动词短语的后面，这个要素句蜕省略了充当中心语的第一个广义对象语义块。

（46）情况并没有人们想象的那么坏。（人民日报《西方媒体片面引用联合国报告歪曲中国——中国没损害周边穷国》）

```
< s code = " jD021" shedid = " 1-1" >
    < jk type = " 1" > 情况 </ jk >
    < sep id = " h1" > 并没有 </ sep >
    < jk type = " 2" >
        < ss type = " 2" code = " D" form = " ! 32" >
            < jk type = " 1" > 人们 </ jk >
            < ek > 想象 </ ek > 的
        </ ss >
    </ jk >
    < jk type = " 3" sepid = " 1" > 那么坏 </ jk > ，
</ s >
```

语串"人们想象的"是一个"的"字短语，可以看作是省略了中心语的要素句蜕。意为"人民想象的情况"，"的"附着在动词短语的后面，这个要素句蜕省略了充当中心语的第二个广义对象语义块。

对于"的"字短语形成的句蜕，我们曾经采用将"的"看做一个独立的语义块的标注方法，也就是将"的"作为中心语，用以代替其后面省略的中心语，也就是说，将"的"作为代词来看待。但是这样的标注方法存在一定的问题。首先，它与人们对"的"字短语的一般认识相违背，在语言学中，一般将"的"作为结构助词来看待。在定义中，"的"是作为结构助词附着在体词短语后面的，是虚词，一般不能单独使用，不能单独做句子成分；将之作为一个语义块标注，便认为它是具有实际意义的实词。这显然相去甚远。其次，在存在句类转换的句子里，将"的"作为一个独立的广义对象语义块处理，将无法实现一一对应的关系。请看下面的例子：

（47）（我看到由几幅山水画组成的组画）画的就是这一条路。（季羡林《幽径悲剧》）

< s code = " jD" tcode = " Y30" >
  < jk type = " 1" >
    < ss type = " 2" code = " Y30" form = " ! 31" shid = " q1" >
      < ek >画< /ek >的
    < /ss >
  < /jk >
  < ek >就是< /ek >
  < jk type = " 2" >这一条路< /jk >。
< /s >

这是一个简单的转换句类，全句（转换后的句类）是一个是否判断句，转换前是一个效应句，即"（组画）画这一条路"。全句的第一个广义对象语义块由一个"的"字短语充当，这里"的"附着在动词短语的后面，整个"的"字短语为一个省略了中心语的要素句蜕。

下面的这个句子更为复杂一些，全句即是一个转换句类，同时，"的"字短语又是伴随着语义块分离的变形句蜕。

（48）与郭晖同专业的有20多名同学。

< s code = " jD1" tcode = " jD001" >
  < jk type = " 1" >
    < ss type = " 1" code = " jD001" >
      < jk type = " 1" sepid = " 1" >与郭晖< /jk >
      < ek >同< /ek >
      < jk type = " 2" >专业< /jk >
      < sep id = " q1" >的< /sep >
    < /ss >
  < /jk >
  < ek >有< /ek >

　　　　< jk type = " 2" >20 多名同学 </jk >,
　　</s >

　　全句是一个转换句类,是相互比较判断句 jD001 向存在判断句的转换。表层上全句是存在判断句,"有"作为存在判断句的特征语义块,"与郭晖同专业的"是存在的空间,"20 多名同学"是存在的内容,实际上句子的深层是一个相互比较判断句。比较的双方为"20 多名同学"和"郭晖",特征语义块为"同",比较的内容为"专业"。

　　在上面的这种标注中,将"的"作为一个独立的语义块标注为"分离语",意思是"的"作为 JK1 的一个要素从 JK1"与郭晖"处分离出去,和"与郭晖"共同作为 JK1。如果我们将句子还原回转换前的原貌,则是"20 多名同学"和"与郭晖"共同作为 JK1。这样,就会出现两个成分("的"与"20 多名同学")同时指向一个位置的冲突,不满足一一对应的句类转换的原理。所以不宜采用。

　　对于这种情况,我们现在采用的标注方法是,仍然将"的"字短语中的"的"作为结构助词看待,这种标注方法可以避免句类转换中语义块对应不一致的问题。具体标注如下:

< s code = " jD1" tcode = " jD001" >
　< jk type = " 1" >
　　< ss type = " 1" code = " jD001" >
　　　< jk type = " 1" sepid = " 1" >与郭晖 </jk >
　　　< ek >同 </ek >
　　　< jk type = " 2" >专业 </jk >的
　　</ ss >
　</ jk >
　< ek >有 </ek >
　< jk type = " 2" > < sep id = " q1" >20 多名同学 </sep > </jk >,
</ s >

　　全句为存在判断句 jD1,存在句类转换现象,转换前的句类为相互比较判断句 jD001。"的"附着在动词短语"与郭晖同专业"的后面,构成"的"字短语,标注为省略了中心语的要素句蜕,作为全句的第一个广义对象语义块,"20 多名同学"作为全句存在判断句中的存在对象语义块,

同时它又是一个分离语,从要素句蜕的第一个广义对象语义块"与郭晖"中分离而来,在句类转换前作为相互比较判断句中比较的另一方。

类似的例子还有:

(49) 然而,迄今为止,与实验室合作的都是跨国企业。(《高校实验室的困惑:合作为何遭遇"两张脸"?》)

全句为"是否判断句",转换前的句类为双向关系句,还原回去的句子形如"跨国企业与实验室合作"。"与实验室合作的"是一个"的"字短语充当的变形句蜕。

在多个"的"字短语并列的时候,采用原来的标注也无法做到合理的解释。如:

(50) 其中也有仅在腊月才出现的,像卖宪书的、松枝的、薏仁米的、年糕的等等。(老舍《北京的春节》)

< s code = " jD1" >
  < jk type = " 1" >其中</jk >
  < ek >也有</ek >
  < jk type = " 2" >
    < ss type = " 1" code = " Y3" form = "! 2" shid = " h3" >
      < fk type = " Cn" >仅在腊月</fk >
      < ek >才出现的</ek >,
      < jk type = " 1" >像
        < ss type = " 1" code = " T4921" form = "! 32" shid = " 0" >
          < ek >卖</ek >
          < jk type = " 2" >宪书的、松枝的、薏仁米的、年糕的</jk >
        </ss >等等。
      </jk >
    </ss >
  </jk >
</s >

这里,"卖宪书的、松枝的、薏仁米的、年糕的"是紧缩的"的"字短语,展开应为"卖宪书的、卖松枝的、卖薏仁米的、卖年糕的",对于这种紧缩"的"字短语,我们将动词短语中的体词成分与"的"结合在一起,即,在这种情况下,我们标注时将"的"附着在动词短语中的体词后面,而非整个动词短语的后面。

还是应该将"的"看做 JK,便于查询,可以和其他"的"的用法区别开来。如强调句中的"的"。

四 "所"字结构

汉语中的"所字结构",其来源甚早。对于"所"的语法功能,看法不一。有人主张将其中的"所"字视为代词,郭锡良、李玲璞(2000)认为"所"是"辅助性代词",有人视为助词,杨伯峻(1981)认为"所"是"结构助词";王力先生(1981)认为"所"是"特别的指示代词"。我们认为"所"原本是一个名词,后来由于汉语语序结构模式的代换,逐渐蜕变成了一个助词性的语言成分。在所字结构中,我们倾向于将其视为助词。

从语料标注的角度看,将"所"视为助词也符合我们对句子结构的一般处理方式。排除成词后的"所"及"所"当"处所"讲的名词用法,我们对语料库中的语料进行统计,在统计的 164 篇语料中,共有 145 篇语料(735,898 字)中含有"所"字结构,"所"字结构共出现 205 次。这些"所"字结构大体分为以下五种类型:

(一)所 + v + JK2

例句:

(51)学生应该对所选的专业做进一步的学习、了解。

< s code = " T19" form = "! 11" >
  < jk type = " 1" shedid = " 1" >学生 </jk >
  < sep id = " h1" >应该 </sep >
  < jk type = " 2" >对
    < ss type = " 2" code = " X" form = "! 31" shid = " q1" >
      < ek >所选的 </ek >
      < jk type = " 2" >专业 </jk >
    </ss >
  </jk >
  < ek sepid = " 1" >做进一步的学习、了解,</ek >,

```
</s>
```
类似的句子还有：

(52) 这里所发生的事情与中国人都有关系。

(53) 俄罗斯经济中易货贸易所占份额不断增大。

(54) 中国队所失两球，也是如此。

"所"字出现在要素句蜕中，作为要素句蜕的特征语义块的标志符，如"所占"、"所选"、"所发生"，特征语义块的后面也大多都跟着结构助词"的"，以把特征语义块和后面的广义对象语义块分开。但有时"的"并不出现，只靠"所"来标志要素句蜕的信息。如例3和例4中的"易货贸易所占份额"、"中国队所失两球"。

对于这种类型的"所"字结构，在标注时只将"所"作为特征语义块的标志符，与特征语义块共同标注在<ek>元素里。

(二) "为/被……所"固定搭配

例句：

(55) 两国都为生产能力过剩、盈利率低下和金融压力所困。

```
<s code=" YX*20" form="! 12" >
    <jk type=" 2" >两国</jk>
    <sep id=" h1" >都</sep>
    <jk type=" 1" >为
        <ss type=" 1" code=" Y" >
            <jk type=" 1" >生产能力</jk>
            <ek>过剩</ek>
        </ss>、
        <ss type=" 1" code=" Y4" >
            <jk type=" 1" >盈利率</jk>
            <ek>低下</ek>
        </ss>和金融压力
    </jk>
    <ek sepid=" 1" >所困</ek>。
</s>
```

类似的句子还有：

(56) 在湖中，昔日的激湍的绿波为坚冰所取代。

(57) 直到今天，它才被越来越多的专家所认同。

(58) 冬天，贝加尔湖完全被 1 米多厚的冰层所覆盖。

古汉语的"为……所"句式一直沿用到现代汉语中。汉语介词"为"引入行为主动者，"所"字则虚化为它后面的动词词头。在现代汉语中，"被"经常取代"为"的位置而与"所"组合成"被……所"固定搭配，其用法与"为……所"相同。在 HNC 中，将"为/被……所"称为主语义块搭配标志符，"为/被"后面紧跟第一个广义对象语义块（通常为作用者），作为作用者标志符，"所"后面紧跟特征语义块，作为特征语义块标志符。"为……所"搭配而成的句子在语句格式上一定采用"！12"的格式，即语义块的排列顺序形如"JK2 +^JK1 +^E"。

对于"为/被……所"固定搭配的"所"字结构，在标注时将"为/被"作为广义对象语义块的标志符，与其共同标注在 <jk> 元素里，将"所"作为特征语义块的标志符，与特征语义块共同标注在 <ek> 元素里。

（三）JK1 + "所" + "的"字短语

例句：

(59) 正如中国著名科学家钱学森所说的那样，纳米将会带来一次技术革命。

  < s code = " YP21 * 20" >
   < fk type = " Re" > 正如
    < ss type = " 2" code = " T31" form = "！32" >
     < jk type = " 1" > 中国著名科学家钱学森 </jk >
     < ek > 所说 </ek > 的
    </ss >
   </fk >，
   < jk type = " 1" > 纳米 </jk >
   < ek > 将会带来 </ek >
   < jk type = " 2" > 一次技术革命 </jk >。
  </s >

(60) 大学精神的不同层面所体现的主要无非两点：独立与创新。

  < s code = " jD" tcode = " Y30" >
   < jk type = " 1" >

```
        <ss type=" 2" code=" Y30" >
            <jk type=" 1" >大学精神的不同层面</jk>
            <ek>所体现</ek>的
        </ss>
    </jk>
    <ek>主要无非</ek>
    <jk type=" 2" >两点：独立与创新</jk>。
</s>
```

这种"所"字结构本质上就是一个"的"字短语，结构助词"所"附着在动词的前面，结构助词"的"附着在动词（或动词短语）后面，分析和处理方法与"的"字短语相同。即"所"字短语的内部结构是一个省略了中心语的句蜕，而且只能是要素句蜕。

这类的"所"字结构经常出现在是否判断句的句类转换中。如例（2），表层为是否判断句，深层则是效应句，还原回去的效应句完整表达为："大学精神的不同层面体现两点：独立与创新。"

（四）JK1+"所"+v

（61）黑色是含碳的颗粒所致。

```
<s code=" jD" tcode=" Y30" >
    <jk type=" 1" shedid=" 1" >黑色</jk>
    <ek>是</ek>
    <jk type=" 2" >
        <ss type=" 1" code=" P21" form="!32" shid="q1" >
            <jk type=" 1" >含碳的颗粒</jk>
            <ek>所致</ek>
        </ss>
    </jk>。
</s>
```

（62）因为紧张的工作和繁重的家务所累，始终处于疲惫状态。

```
<s code=" S0" form="!31" shid=" 0" >
    <fk type=" Re" >因为
        <ss type=" 1" code=" X291" >仅
```

      <jk type=" 1" >紧张的工作和繁重的家务</jk>

      <ek>所累</ek>

    </ss>

  </fk>，

  <ek>始终处于</ek>

  <jk type=" 2" >疲惫状态</jk>，

</s>

  这类"所"字结构的特点是：助词"所"的前面出现 JK1，后面直接与动词连接，而且多数是单字动词，构成原型句蜕，去掉"所"则句子不能成立。"所"字结构的前面没有"为/所"或"由"等介词与其搭配，"所"字结构的后面也不出现结构助词"的"。

  （五）（JK1）+所+v

  例如：

  (63) 君子无所争。

<s code=" S0" >

 <jk type=" 1" >君子</jk>，

 <ek>无</ek>

 <jk type=" 2" >所争</jk>，

</s>

类似的句子还有：

  (64) 仅记者所知，中关村有的软件公司就达到2000多人。

  (65) 陪这些人去赌场的一般都有所求。

  (66) 国内学术成果多为投领导所好。

  这类"所"字结构的特点是：从形式上看，它与第四类相似，都是"JK1+所+v"的结构，只是 JK1 在此类中可以省略。但从内容上看，此类结构与第四类并不相同，第四类"所"字结构形成的是原型句蜕，而第五类"所"字结构是要素句蜕，它与第三类（JK1+"所"+"的"字短语）从语义上更为接近，只是没有出现"的"。如，第一句，"君子无所争"，"所争"即"所争之物"，"所"作为特征语义块的标志符，"所争"是只保留了特征语义块及其标志符的要素句蜕。如果为了分析简便，我们可以将此类的"所+v"结构视为动态词，总体上作为名词短语看待，在这种动态词构成中，"所"作为助词否定了其后动词的 E 资格。再如：

(67) 他将拍卖浮雕原作所得全部捐献给了国家。

(68) 日记中记录了他在丽江的所见所感。

五 基于全句理解的句类

通过真实语料的标注，我们发现，有些句子的句类信息并不能附载或只能部分附载在核心动词中，也就是说，只靠知识库中对词语的描写并不能描述真实语料中的全部语句的句类。有些句子的句类是靠全句的理解才能够正确标注的，或者说，句类是附载在短语或更大的语言单位中的。如：

（一）句类与句式有关

A. 动量短语构成基本作用句

例如：

(69)（他）对着天花板就是一枪。

< s code = " X" form = " ! 31" >

  < jk type = " 2" >对着天花板< /jk >

  < ek >就是一枪< /ek >。

< /s >

此句中，动量短语"一枪"做了特征语义块的核心，是"开一枪"的意思，动作动词"开"可以不出现，只用动量短语表达了动作义，仍然对句义不构成影响。全句的句义需要整体进行理解，也可把这种结构形式理解为是"施事+对/向/朝/给+受事+动量短语"这样的句式，在句式中，动量短语代替了动词的语法功能，起到了统摄全句的作用。

同样的句子还有：

(70) 渔人用一根木棍照头一棒，把小海狗打晕。（冯冯《冰海悲音》）

(71) 这名女乘客不但不听劝告，还狠狠地给了乘务长一巴掌。

(72) 他看也不看地朝后面一掌，掌风打掉了邢云手里的匕首。

B. "越……越"短语构成势态判断句

例如：

(73) 但无论如何，基因治疗的路会越走越宽广。

```
< s code = " jD2" >
  < abs >但无论如何，</abs >
  < jk type = " 1" >基因治疗的路 </jk >
  < jk type = " 2" >会越走越宽广 </jk >。
</s >
```

此句是一个势态判断句 jD2，"越走越宽广"整体作为内容语义块，是势态判断的结果。对于势态判断句这一句类的判定，是根据搭配结构"越……越"的内涵信息而确定的。"越……越"叠用表示程度随着条件的发展而发展，正符合势态判断句所界定的句义类型。在这样的搭配结构里，第一个"越"后面的动词是势态发展的条件，第二个"越"后面的形容词是势态发展的最终结果。

类似的句子还有：

(74) 于是自"秦老爹"始，华人商店在这里越开越多。

(75) 晚年的莫奈视力越来越差。

(76) 与此同时，公众的心态也越来越成熟。

(77) 这些年，生活越来越富足，日子越过越舒心，年味却越来越淡。

值得一提的是，并不是所有的"越……越"的搭配都形成势态判断句。"越……越"叠用作为势态判断句是有一定的条件的。

第一，"越……越"搭配中，当第二个"越"前面另出现对象时，我们倾向于将"越……越"搭配拆分成两个句子来处理，把第一个"越"及其所携带的成分作为独立的语句，两句之间的内在逻辑关系是条件关系。在语言表达中，这两个独立的成分中间经常会以逗号作为分隔标记。如：

(78) 衣服只要整齐干净，越朴素穿着越随心。

```
< s code = " S04" >
  < jk type = " 1" >衣服 </jk >
  < jk type = " 2" >只要整齐干净 </jk >，
</s >
< cs >
  < s code = " S04" >
    < jk type = " 2" >越朴素 </jk >，
```

```
        </s>
        <s code = " S04" >
            <jk type = " 1" >穿着</jk>
            <jk type = " 2" >越随心</jk>。
        </s>
</cs>
```

类似的句子还有：

(79) 越到后面难度越大。

(80) 经济发展越快，人们对健康问题也就越关注。

(81) 亲缘关系越密切，则个体特性部分相似的可能性和相似程度越大，从而发生移植物抗宿主病的可能性越大。

第二，"越……越"搭配中第二个"越"后面的成分必须是 u（属性）类概念，也就是说必须是非动词成分。如果第二个"越"后面接的是动词成分，则我们把该动词作为特征语义块。如：

(82) 我倒真是越来越依恋他。

```
<s code = " X20" >
    <jk type = " 1" >我</jk>
    <ek >倒真是越来越依恋</ek >
    <jk type = " 2" >他</jk>。
</s>
```

类似的句子还有：

(83) 越搔越搔不到痒处。

(84) 他说最近越来越感到疲惫。

(85) 知识越来越成为一种影响命运的重要资本。

(86) 因此，大学生的职业生涯规划越早越有利于发展。

在这几个句子中，第二个"越"后面接的是动词性成分，在处理时我们以动词为特征语义块判定句类，由动词"依恋"、"搔"、"感到疲惫"、"有利于"作为句子的特征语义块核心，四个句子分别形成基本作用句 X、一般反应状态句 X20S*11、双对象效应句 Y02 和效应因果句 YP21*20。

第三，当"越……越"搭配的前面紧邻一个动词时，那么"越……越"搭配很可能是作为这个动词的下装说明部分，而非简明势态句的内

容语义块。尤其是当前面的动词与"越……越"搭配结构之间出现助词"得"的时候,其作为下装的必然性便不容置疑。如:

(87) 融化了的河水还会把他们冲得越来越远。
< s code = " X" form = "! 11" >
  < jk type = " 1" >融化了的河水 </jk >
  < sep id = " h1" >还会 </sep >
  < jk type = " 2" >把他们 </jk >
  < ek sepid = " 1" >冲得越来越远 </ek >。
</s >

(88) 特别是近些年以来,冤案数为什么上升越来越快?
< s code = " P01" >
  < fk type = " Cn" >特别是近些年以来, </fk >
  < jk type = " 1" >冤案数 </jk >
  < fk type = " Pr" >为什么 </fk >
  < ek >上升越来越快 </ek >?
</s >

第四,当"越……越"搭配的后面紧邻一个动词时,那么"越……越"搭配很可能是作为这个动词的上装修饰部分,而非简明势态句的内容语义块。尤其是当前面的动词与"越……越"搭配结构之间出现助词"地"的时候,更加强了其作为上装的可能性。如:

(89) 电脑、轿车越来越多地进入居民家庭。
< s code = " T0a" >
  < jk type = " 1" >电脑、轿车 </jk >
  < ek >越来越多地进入 </ek >
  < jk type = " 2" >居民家庭 </jk >。
</s >

(二) 特征语义块由动态词充当

动态词是在汉语理解处理过程中,根据语义理解的需要,单字跟与其邻接的两个或多个字词按照一定组合模式临时组合而成的、需要经过辨认处理作为一个意义单位理解的语义单位。[①]

[①] 参见唐兴全《汉语理解处理中的动态词研究》,第 27 页。

动态词由于具有动态生成性、临时组合性和能产性等特点，导致其数量上是无限的，所以我们不可能穷尽地将其收录进词库中，由动态词充当特征语义块的句子只能动态地判定其句类。下面列举几种常见的与句类有关的动态词构成模式以及相应的句类判定原则。

1. ΣEn/EQ + EH 式动态词

ΣEn（并列式构成）/EQ + EH（组合式构成）形式的动态词，动态词的构成部分是两个动词，两个动词之间是并列或者组合关系，句类信息由组合中的词语共同提供。如：

(90) 今年鼓楼区将改扩建六所小学。

< s code = " T0a" >
  < fk type = " Cn" >今年 </fk >
  < jk type = " 1" >鼓楼区 </jk >
  < ek >将改扩建 </ek >。
  < jk type = " 1" >六所小学 </jk >。
</s >

"改扩建"是 ΣEn 形式的并列式构成，而且这个动态短语本身又是缩略形式（由"改建扩建"缩略而来），"改扩建"充当特征语义块，其句类由"改建"和"扩建"两个词语共同提供，都是基本作用句。

(91) 学校都会为每个班级代订一份本地主流报纸。

< s code = " T4a10T491 * 21" >
  < jk type = " 1" >学校 </jk >
  < sep id = " h1" >都会 </sep >。
  < fk type = " RtB" >为每个班级 </fk >。
  < ek sepid = " 1" >代订 </ek >。
  < jk type = " 2" >一份本地主流报纸 </jk >。
</s >

"代订"是 EQ + EH 形式的组合式构成，全句的句类由"代"和"订"两个词语共同提供，为两个词语所形成句类的混合表示 T4a10T491 * 21（"代"形成的句类为 T4a10，"订"形成的句类为 T491）。

2. EQ + E 式动态词

EQ + E 高低搭配式动态词，前后两部分的动词关系是前为辅，后为主，句类信息由后一单字提供。如：

(92) 据悉,广东商学院今年补录本科生 501 人。

< s code = " XY8 * 211" >

< fk type = " Re" >据悉,</fk>。

< jk type = " 1" >广东商学院</jk>

< fk type = " Re" >今年</fk>。

< ek >补录</ek>。

< jk type = " 2" >本科生 501 人</jk>。

</s>

"补录"是 EQ + E 形式的组合式构成,在 < ek > 元素中用 type = " 4"表示,全句的句类由"录"决定,为 XY8 * 211。同样的例子还有:

(93) 17 世纪 40 年代,英国人在印度殖民地开始试种茶叶。

(94) 张先生补交了 350 元的差价。

3. E + EH 式动态词

E + EH 动静搭配式动态词,句类信息由后一单字提供。如:

(95) 越来越多的美国人开始对它(快餐)说"不"。

< s code = " X20" form = " ! 11" >

< jk type = " 1" >越来越多的美国人</jk>

< sep id = " h1" >开始</sep>

< jk type = " 2" >对它</jk>

< ek sepid = " 1" >说不</ek>

</s>

"说'不'"是动静搭配式的动态词,随着使用频率的增加,"说'不'"渐渐地已由动态新词进入到新词新语中,取得了相对稳定的地位。对这一词语,我们不应把它拆开来分析(虽然它完全可以形成信息转移句,"不"就是其转移的内容),而是要作为整体来理解,"说'不'"就是拒绝、否定的意思,全句的句类信息由"不"来提供,形成一般反应句。

(三)词的活用

离合词在使用过程中,是可以拆分开来使用的,这是汉语中一个有趣的语言现象。在我们实际标注语料的过程中,发现有些词语,本来是结构结合得比较紧密的,一般我们不视为离合词,可在具体的语言环境中,却发生了类似的离合用法,遇到这样的词语,在标注中,我们还是要将其视为分离处理，标注时要通过标记符号将它们合在一起，看作是一个整体。如：

(96)（柏子）可以乱梅花之真。

<s code = " jD00" >

  <ek sepid = " 1" >可以乱</ek>

  <jk type = " 2" >梅花</jk>

  <sep id = " q1" >之真</sep>。

</s>

这里，"乱……真"这一搭配是由"以假乱真"而来，这里的"乱"是"混乱""弄乱"的意思，这一义项在使用过程中大多已成词，此义只在词语中体现，故在单字库中，我们不收录"乱"的这一义项。可是在语言的应用过程中，会有词语（一般为动名式构成）拆开来使用的情况，当我们不能把这些灵活的用法全部收入知识库并给出知识表示时，只能在实际标注语料中进行处理。处理的办法就是将它们合为一个语义成分，此例中就将"乱"和"之真"合为一体，"之真"是从"乱"处分离出来的，两个成分之间插入的成分视为JK2，全句是一个比较判断句，即"柏子类似梅花"的意思。

类似的活用现象还有：

(97)（这）也正可快我们的意。

<s code = " jD00" >

  <ek sepid = " 1" >也正可快</ek>

  <jk type = " 2" >我们</jk>

  <sep id = " q1" >的意</sep>。

</s>

"快意"原本是一个形容词，表示"心情舒畅"的意思。此句中将其拆分成了两个部分，这类似于离合词的用法，因为这种现象只是偶有发生，我们将其视为词语的活用现象。标注时要把分离的部分合在一起。同时将这种现象予以特别标记，以便将其收入知识库中。可见，标注反过来可促进知识库的建设和发展。

第六章　语料标注工具的设计与使用

使用 XML 语言进行 HNC 文本语料标注，就是要将原始的不带有任何标注信息的纯文本生语料变成 XML 格式的带有元素标签和属性信息的熟语料。在生语料转换为熟语料的过程中，标注者需要先做两方面的前期工作：一是将原始的纯文本语料按照一定的要求转换成 XML 文档的形式；二是对转换后的 XML 文档进行元素和属性标签的添加。这两方面工作因为几乎不涉及语义的分析，可以借助工具来自动完成。

第一节　TXT-XML 文档的转换

基于 HNC 语料标注的 XML 规范的描述，我们开发了语料标注的辅助工具[①]。本软件可以实现自动分割句子并生成一定格式的 XML 文档。

HNC 语义标注语料库中所选取的语料都是连续文本语料，即完整的篇章。约定以单句作为标注的基本单位，所以在标注过程中，需要按句对语料进行分割，并且需要生成大量 XML 标记。如果直接在原始语料上进行手工操作，效率较低，标注者将把大量的时间花费在生成标记和分割句子上。有鉴于此，需要有一个软件预先分割句子，并生成基本的标记样式，供标注过程中调整。

经过对语料的仔细考察，我们发现，文本语料的结构大体分为标题、段落、句子三级单位。句子一般以"，。……；？！"这些标点符号作为分界符，因此我们以这些标点符号作为分割单位。至于以"，"作为短语而非句子的分界符的少数情况，则需要标注者进行人工调整，程序将不做出判断。程序能够完成对文本语料的篇头、篇体、标题、段落和句子的自动分割和相应元素标签的自动添加。

---

① HNC 语料标注的辅助工具由课题组任宁开发完成。

另外，一个基本的单句内，一般依序具有辅块、第一个广义对象语义、特征语义块、第二个广义对象语义块四个元素，单句元素本身具有句类代码属性。辅块元素具有类型属性，广义对象语义块同样具有类型属性。形如：

< s code = " X" >
　< fk type = " Cn" > < /fk >
　< jk type = " 1" > < /jk >
　< ek > < /ek >
　< jk type = " 2" > < /jk >
< /s >

将这些标记自动添加到每个句子的下面，由标注者在相应的元素内部加入元素内容（即文本语料符号串），也可提高标注效率，节省标注时间。在标注格式上耗用比较少的时间，就可以把更多的精力放在语法分析上面了。工作时，标注者只需将文本拖动到相应位置即可，并在此基础上可以进行更细一步的标注，如增加新的元素及属性。

这个标注前处理程序的主要作用是把 TXT 文本语料生成带有格式的 XML 文档。可实现整个文件夹的批处理转换。转换界面如下：

文本语料的生成结果请见下图。

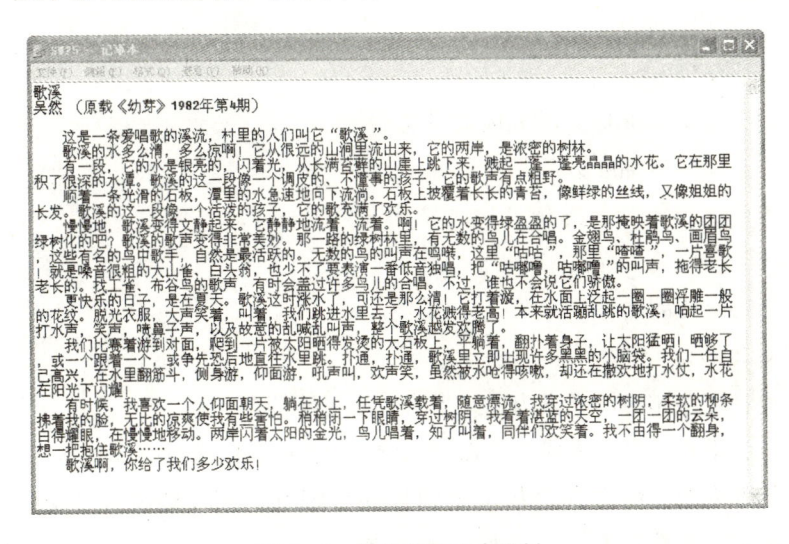

图 6-1　转换前的文本语料

从上例的对照中，我们可以看出，转换后的 XML 文档不仅自动生成

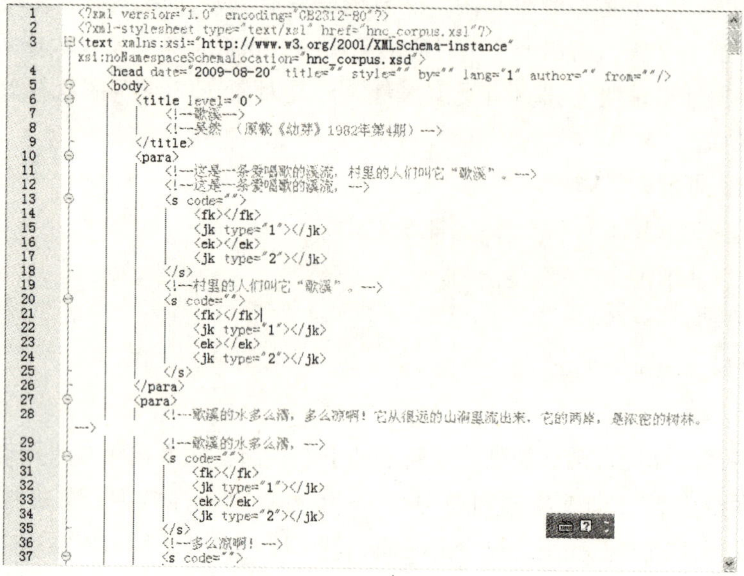

```
 1    <?xml version="1.0" encoding="GB2312-80"?>
 2    <?xml-stylesheet type="text/xsl" href="hnc_corpus.xsl"?>
 3  ⊟<text xmlns:xsi="http://www.w3.org/2001/XMLSchema-instance"
       xsi:noNamespaceSchemaLocation="hnc_corpus.xsd">
 4      <head date="2009-08-20" title="" style="" by="" lang="1" author="" from=""/>
 5      <body>
 6        <title level="0">
 7          <!--歌溪-->
 8          <!--吴然  (原载《幼芽》1982年第4期)-->
 9        </title>
10        <para>
11          <!--这是一条爱唱歌的溪流,村里的人们叫它"歌溪"。-->
12          <!--这是一条爱唱歌的溪流,-->
13          <s code="">
14            <fk></fk>
15            <jk type="1"></jk>
16            <ek></ek>
17            <jk type="2"></jk>
18          </s>
19          <!--村里的人们叫它"歌溪"。-->
20          <s code="">
21            <fk></fk>
22            <jk type="1"></jk>
23            <ek></ek>
24            <jk type="2"></jk>
25          </s>
26        </para>
27        <para>
28          <!--歌溪的水多么清,多么凉啊!它从很远的山涧里流出来,它的两岸,是浓密的树林。-->
29          <!--歌溪的水多么清,-->
30          <s code="">
31            <fk></fk>
32            <jk type="1"></jk>
33            <ek></ek>
34            <jk type="2"></jk>
35          </s>
36          <!--多么凉啊!-->
37          <s code="">
```

图 6-2 转换后的 XML 文档

了 XML 文档的结构,包括 XML 文档的声明信息(位于 XML 文档的前两行),XML 文档的框架结构,表现为如下逐级包含的嵌套结构:

    < text >

        < head/ >

        < body >

            < titile > < /title >

            < para >

                < s > < /s >

            < /para >

        < /body >

    < /text >

而且还在相应的元素内加入了必有的属性信息。

更为重要的是,生成的 XML 文档将原始的语料信息自动加入到了相应的元素内部,将文本语料按单句自动分割开,用注释符号"<!—"和"-->"包裹起来,便于标注者参考和进行后续的标注工作。其中 < para > 里面的注释显示为两种情况,一是在紧邻 < para > 开始元素后添加的整段的文本内容,如"<!--这是一条爱唱歌的溪流,村里的人们叫

它'歌溪'。-->"。二是在整段内容用注释符号表示后,又对整段文本内容进行句子分割,再分别以句子为单位进行注释,如"<!--这是一条爱唱歌的溪流,-->"。这样便于标注者对段落信息有宏观和微观两方面的把握。由于 XML 解析器将忽略<!--和-->之间的所有数据,所以添加注释并不影响 XML 文档的最终标注结果。

第二节 XMLSpy 标注工具的使用

一 XMLSpy 工具介绍

建设一个规模较大的语料库一定要有一个适合的标注工具,以保证标注过程的高效性及标注结果的一致性。本语料库采用 XML 语言进行标注,标注工具没有独立开发,而是采用比较通用的 XML 编辑器 XMLSpy。

XMLSpy 是目前公认的最好的 XML 编辑器之一。Altova XMLSpy 是一个用于开发 XML 工程的综合集成开发环境(Integrated Development Environment,简称 IDE),可连同其他工具一起进行各种 XML 及文本书档的编辑和处理。它为 XML 文件、DTD、XMLSchema 以及 XSLT 样式表的创建和编辑提供了高效而灵活的环境。XMLSpy 支持 Unicode、多字符集,具有强大的编辑功能、支持多种文档视图和 XSLT 转换,并且可以在 XML 文档与文本书件/数据库之间进行导入和导出。XMLSpy 的这些特点和功能十分适合标注语料库的建设,可以作为语料标注工具使用。上文描述的 Schema 文档和 XSL 文档就是在 XMLSpy 的开发环境中创建的。

二 语料的标注

(一) XMLSpy 的标注界面

XMLSpy 用户界面被竖向分为三片区域。中间区域是主窗口,为 XML 文档提供多种视图。中间区域的两旁是一些提供信息、编辑帮助和文件管理功能的窗口。如图所示:

左侧区域包含 Project(工程)和 Info(信息)窗口。Project 用于对文件进行工程化的管理,用户可以在这里将文件组织为工程(Project),并对文件进行编辑。图 6-3,语料标注文件 SW25.xml 以及相关联的 Schema 文件 hnc_corpus.xsd 和格式转换文件 hnc_corpus.xsl 都被组织到

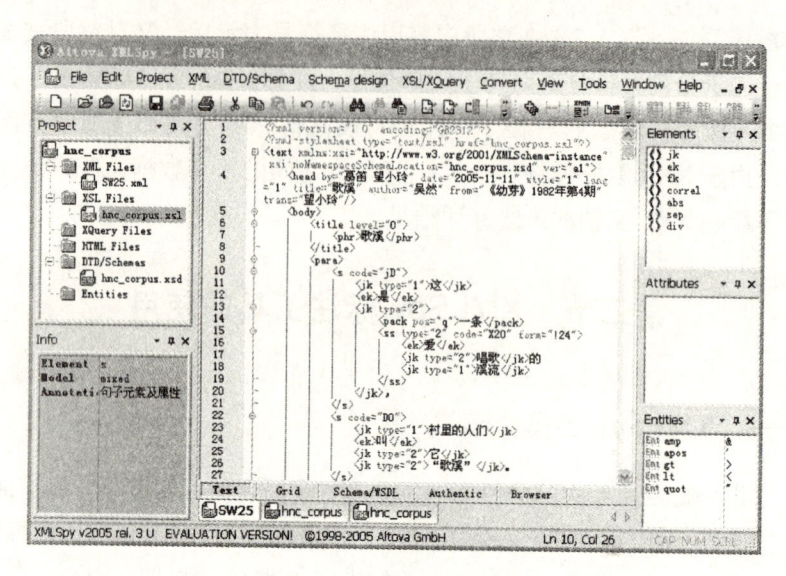

图 6-3　XMLSpy 标注界面

Project 的相应文件类型中，构成一个工程项目。Info 窗口显示当前编辑项（XML 元素或属性）的元信息，也就是主窗口中光标所在 XML 元素或属性的相关细节。图 6-3，编辑项位于 <s> 元素开始标签后面，则 Info 窗口显示的是 <s> 元素的名称，模式和说明信息。

中间区域被称为主窗口（Main Window），用于编辑和查看各种类型的文档。您可以在不同的视图（view）间进行切换：Text 视图、Grid 视图、Schema/WSDL 设计视图、Authentic 视图和 Browser 视图，以便在多种编辑格式下编辑 XML 文档。图中，当前的视图状态是 Text 视图，是以文本的形式显示的标注内容，标注内容呈树形结构，元素和属性以不同的颜色加以区分显示。

右侧区域包括三个输入助手（Entry Helper）窗口，在文档编辑过程中为您提供帮助窗口。可用的输入助手将根据正在编辑的文档类型和主窗口的文档视图的不同而变化。在 Text 视图中，输入助手用于协助输入与添加元素（element）、属性（attribute）和实体（entity）。输入助手窗口中所列出的条目，与主窗口中的当前光标选中区域或当前光标位置有关。图中光标放在句子元素开始标签后面，则 Elements 窗口显示的是当前情况下可以输入的所有元素名称：jk、ek、fk 等。Attributes 窗口为空，表示不能输入属性名称。当需要输入实体引用时，则可以利用 Entities 输入助手。

(二) 用 XMLSpy 进行智能标注

HNC 语义标注语料库是以文本形式存储的，所以相应的我们使用 XMLSpy 的 Text 视图进行语料标注。Text 视图是具有语法分色显示（syntax-coloring）的源代码级编辑视图，具有能感知 DTD/XML Schema 的智能编辑功能，是对 XML 文件中的数据（data）和标记（markup）进行编辑的理想视图。

在 Text 视图中，如果正在编辑的 XML 文档已经关联了 schema，那么自动完成功能将在编辑过程中提供极大地帮助。在您敲击键盘的同时，光标所在位置会出现一个列有元素（element）、属性（attribute）和允许出现的枚举型属性值（enumerated attribute values）的窗口。另外，在您完成首标签的输入时，自动完成功能会自动为您插入相应的尾标签，而在弹出窗口中选择的属性也会被自动插入并被引号括起来。如果一个元素下必须出现某些元素或属性，那么还可以选择在该元素被插入时为它自动生成那些必需的成分。此外，每个视图都有一组输入助手（EntryHelper），利用这些输入助手窗口，用户可以方便地往文档中插入成分。

下面就以图中出现的"歌溪"的语料标注为例来具体说明 XMLSpy 的智能标注功能。

首先建立文档标注环境。

新建一个 XML 文档，并将之关联 Schema 文件和 XSL 文件，使之符合一定的模式定义和转换样式。

在新建 XML Document 文档之后，程序会弹出提示，让用户选择该 XML 文档是否要基于某个 DTD 或 Schema：

选择 Schema，然后点击 OK 确认。接着将出现一个对话框，让您选择该 XML 文档基于的 Schema 文件。

选择好 Schema 文件，并将其以相对路径关联 XML 文档后，Text 视图将自动添加如下内容：

不但加入了 Schema 文档的关联信息，使 XML 文档与"hnc_corpus.xsd"文档关联，而且还自动添加了 Schema 文档中定义的元素和属性框架。

接下来，我们需要将 XML 文档与 XSL 文件关联起来。在 XSL/Query 菜单中选择"Assign XSL"命令后，会出现如下对话框：

点击确定后，Text 视图如下：

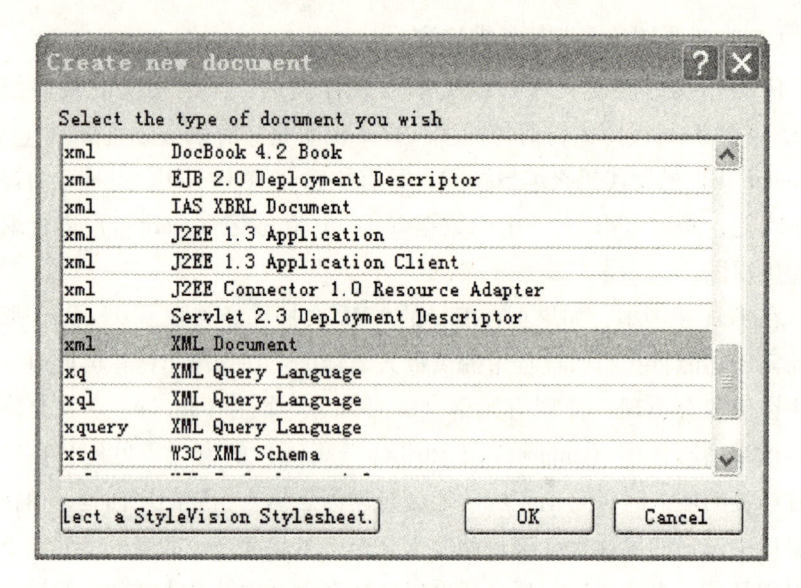

图 6-4 创建新文档

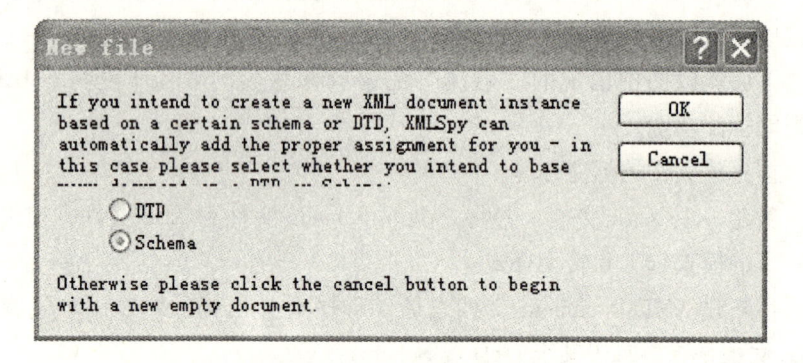

图 6-5 选择文档定义模式

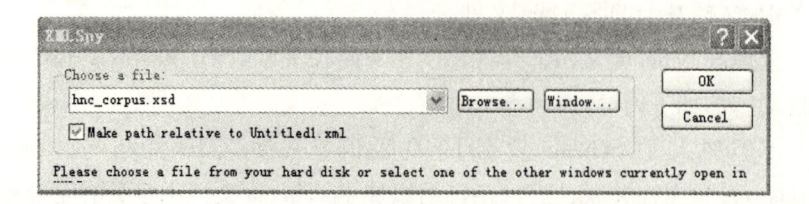

图 6-6 关联 Schema 文档

这样，一个关联了 Schema 和 XSL 文件的 XML 文档就建立起来了。语料标注文档的环境构建完成。

第六章 语料标注工具的设计与使用

```
1  <?xml version="1.0" encoding="GB2312"?>
2  <text xmlns:xsi="
   http://www.w3.org/2001/XMLSchema-instance"
   xsi:noNamespaceSchemaLocation="hnc_corpus.xsd">
3      <head date="" title="" style="" by="" lang=""/>
4      <body>
5          <title level=""/>
6      </body>
7  </text>
8
```

图 6-7　关联了 Schema 文档的 Text 视图

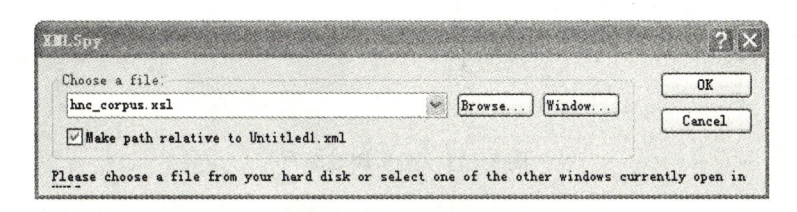

图 6-8　关联 XSL 文档

```
1  <?xml version="1.0" encoding="GB2312"?>
2  <?xml-stylesheet type="text/xsl" href="hnc_corpus.xsl"?>
3  <text xmlns:xsi="
   http://www.w3.org/2001/XMLSchema-instance"
   xsi:noNamespaceSchemaLocation="hnc_corpus.xsd">
4      <head date="" title="" style="" by="" lang=""/>
5      <body>
6          <title level=""/>
7      </body>
8  </text>
9
```

图 6-9　关联了 XSL 文档的 Text 视图

下一步就是在 Text 视图中填入数据。

我们在 Text 视图中看到的是在文本格式下进行语法分色显示的 XML 文档。

<head> 元素内自动添加的属性是 head 元素的必有属性。将鼠标移到 <head> 元素内的属性值的双引号中，在 info 窗口会显示属性值的提示信息，如将鼠标放在 date 属性值的双引号中，info 窗口提示数据类型为日期型，填入日期值。其他属性值也按规范填写。

如果添加的属性是一个枚举值，则会在属性值处出现一个下拉列表，供用户选择。如，lang 属性值就是一个枚举值，当我们手动输入 lang 属

```
Info            ▼ 甲 ×   1  <?xml version="1.0" encoding="GB2312"?>
Attribu date             2  <?xml-stylesheet type="text/xsl" href="hnc_corpus.xsl"?>
Occurr required          3  <text xmlns:xsi="http://www.w3.org/2001/XMLSchema-instance"
Datatyp date                 xsi:noNamespaceSchemaLocation="hnc_corpus.xsd">
whiteSp collapse         4    <head date="" title="" style="" by="" lang=""/>
                         5    <body>
                         6      <title level=""/>
                         7    </body>
                         8  </text>
```

图 6–10　Info 窗口

性时，会自动弹出属性枚举值（1 和 2）供用户选择。

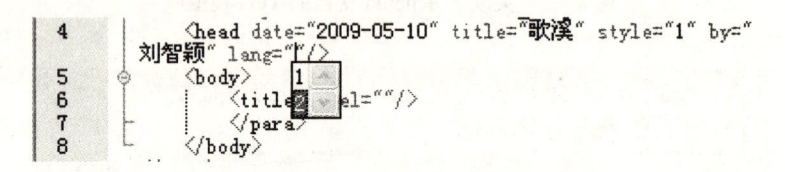

```
4    <head date="2009-05-10" title="歌溪" style="1" by="
     刘智颖" lang="/>
5    <body>       1
6      <title  el=""/>
7                   </para>
8    </body>
```

图 6–11　必有属性填写

填好这些必有属性信息后，将光标移动到尾标签的前面，按空格，则会自动弹出一个属性列表，列出所有 head 元素的可选属性，我们就可根据文本的内容选择需要添加的可选属性信息。

```
3  <text xmlns:xsi="
   http://www.w3.org/2001/XMLSchema-instance"
   xsi:noNamespaceSchemaLocation="hnc_corpus.xsd">
4    <head date="2009-05-10" title="歌溪" style="1" by="
     刘智颖" lang="1"/>
5    <body>
6      <title le author
7      </body>    from
8                 rev
9  </text>        trans
                  xsi:type
```

图 6–12　可选属性填写

删除 title 元素的空元素标记 "/>"，再输入 ">" 键，title 元素就会恢复正常的首尾标签的显示。我们可以在首尾标签之间输入元素内容，即文本的标题。

将文本光标移到 title 元素的尾标签之后，按回车键添加一个新行。

在新行这里输入一个小于号 "<"。这时将出现一个列表，根据我们指定的 schema（即关联的 hnc_corpus.xsd 文件）列出了此处允许出现的所有元素。由于允许出现 div、para 和 title 三个元素，主窗口右侧的 elements 输入助手里也列出此处允许出现的元素列表，我们选择 para 元素来

第六章 语料标注工具的设计与使用　　　125

标注段落信息，将 para 首尾标签输入文档。

图 6-13　元素填写

将光标移动到 para 首标签后，回车添加新行。在新行中输入注释信息如"<!--这是一条爱唱歌的溪流，-->"，在注释信息里存储接下来将要标注的句子，以备标注者参考。然后再添加新行，从 elements 输入助手中选中 s 元素，则包含有 code 属性的 s 元素被自动添加到文档中。

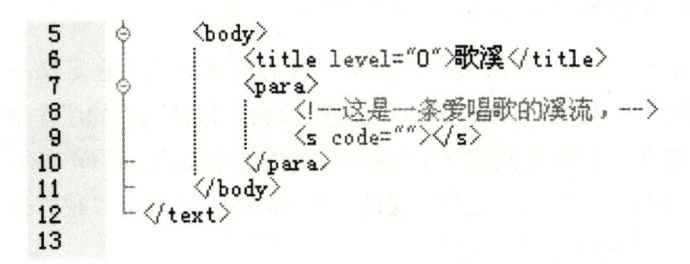

图 6-14　添加句子

在 code 属性中填写此句的句类代码：jD。再将光标移到 s 元素的首标签后，回车添加新行，按 tab 键缩进格式，从 elements 元素中选择接下来将要出现的元素标签 jk，并在 jk 的 type 属性中输入"1"，在 jk 元素内容处输入"这"，至此，第一个广义对象语义块添加完成。

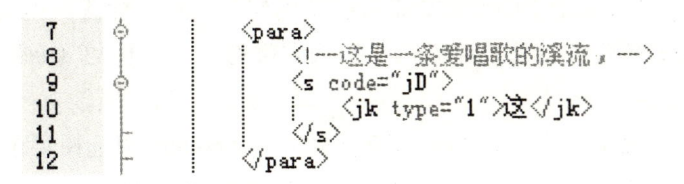

图 6-15　添加句内元素及属性

其他的语义信息添加方法如上。此句标注后完整的形式如下：

这是我们在一个新建的 XML 文档中做语料标注的流程，不过，为了节省时间，我们通常在经过了预处理的生成后的 XML 语料标注文档的基

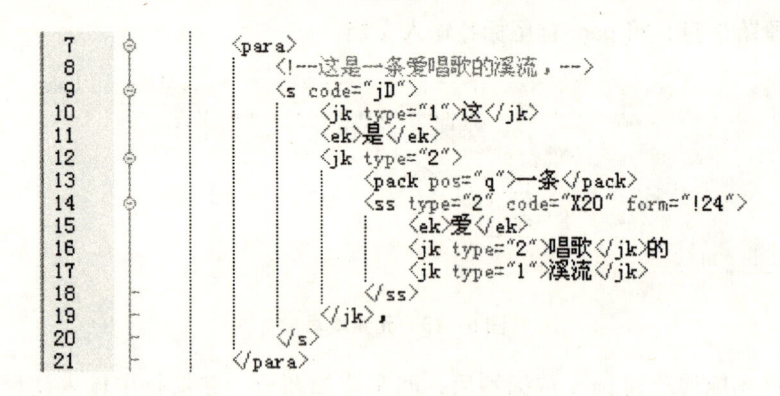

```
 7              <para>
 8                <!--这是一条爱唱歌的溪流,-->
 9                <s code="jD">
10                  <jk type="1">这</jk>
11                  <ek>是</ek>
12                  <jk type="2">
13                    <pack pos="q">一条</pack>
14                    <ss type="2" code="X20" form="!24">
15                      <ek>爱</ek>
16                      <jk type="2">唱歌</jk>的
17                      <jk type="1">溪流</jk>
18                    </ss>
19                  </jk>,
20                </s>
21              </para>
```

图 6-16　单句完整标注

础上进行语料标注。

三　检查与验证

为了保证我们定义的 XML 文档有意义,我们通常必须为它定义一组语法,比如约定这个文档应该包含哪种类型的数据,这种数据的层次结构又是怎样的,等等。这里我们定义了 Schema 文档与之关联,这样 XML 文档就可以通过专门的工具来验证其合法性。用 XMLSpy 工具可以很方便有效地进行 XML 文档的检查与验证。

XMLSpy 可以对 XML 文档进行两方面的检查与验证:良构性(well-formedness)检查和有效性(validation)检查。在切换视图或保存文件时,XMLSpy 会自动对 XML 文档进行良构型检查。如果是关联了 Schema (DTD 或 XMLSchema) 的 XML 文件,XMLSpy 还会对它进行验证。

(一) 良构性检查

一个 XML 文档中的元素如果具有正确配对的首尾标签、正确的元素嵌套、没有错位或遗漏的字符等,那么它就是一个良构的(well-formed)XML 文档。

要对当前文档进行良构性检查,可以在 XMLSpy 中选择菜单项 XML | Check well-formedness,主窗口底部将会出现检查结果,如果当前文档是良构的话,那么将提示 "This file is well-formed"。点击 OK 将关闭检查结果的提示。

如果当前文档是非良构的,如 title 元素缺少尾标签,那么系统将显示错误,提示标注者 title 尾标签缺失,引导标注者做修改。

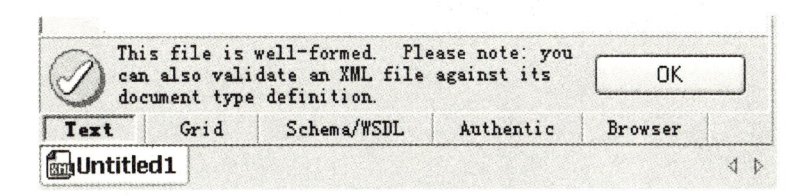

图 6-17 良构的检查结果提示

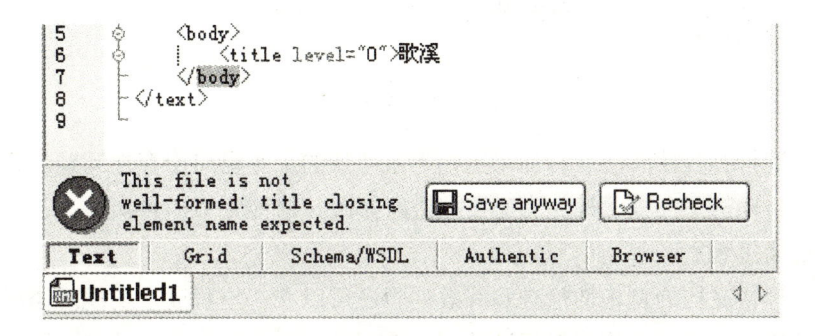

图 6-18 非良构的检查结果提示

良构性检查并不对 XML 文档在结构上是否符合相应的 Schema 规范作校验，Schema 校验在有效性检查中进行的。

（二）有效性验证

XMLSchema 描述了 XML 文档的结构。可以用一个指定的 XMLSchema 来验证某个 XML 文档，以检查该 XML 文档是否符合其要求。如果一个 XML 文档在结构和内容上符合某个 Schema 的规定，那么该 XML 文档对于这个 Schema 来说就是有效的（valid），否则它就是非有效的（invalid）。我们可以通过 XMLSchema 指定一个 XML 文档所允许的结构和内容，并可据此验证一个 XML 文档是否是有效的。

要对当前文档做有效性验证，您可以选择菜单项 XML | Validate，主窗口底部将显示检查的结果。

例如，如果我们在 s 元素里再直接嵌套一个 s 元素，在进行有效性检查时则会提示此文档无效，原因是在 s 元素里不预期出现 s 元素，s 元素里可预期出现的元素有：jk、ek、fk、correl、abs、sep、div。打开 Schema 文件，可以看到在 sentence 元素组（即对 XML 文档中 s 元素的约定）的内容模型中，约定 s 元素内只允许出现 jk、ek、fk、correl、abs、sep、div 元素，除此之外，其他元素一律不能出现在 s 元素中。所以，当前文档中

s元素里又出现s元素被检查为无效，如图。

图 6-19 错误嵌套

进行有效性验证后，如果文档不是有效的，主窗口中存在问题的元素会被自动选中。提示标注者对文档进行修改，修改完成后再次验证，直到验证通过为止。

进行文档的良构性检查和有效性验证可以在一定程度上实现对语料标注的质量检查，保证语料标注的正确性。

第七章　HNC 语义标注语料库查询工具

本书前面已经介绍，HNC 语义标注语料库是以 HNC 理论的句类思想为指导而建立起来的，以句子作为标注的基本单位，在句子级对语料进行语义信息标注的语料库。这种标注方式与自下而上的语料标注方式相辅相成，满足了语言本体研究和语言信息处理研究的不同需要。

HNC 语义标注语料库采用 XML 作为标注形式，通过 XML 的元素和属性对语料进行标注。每个语义单位都由一个特定的元素进行标记，语义知识通过属性值对进行描述，元素内部可再嵌套元素，这就形成了一个树形结构，具有层次性特点。符合句子结构的构成方式。方便易读，使句子的语义信息一目了然，一般的语言工作者也能很快理解和掌握。

为了使 HNC 语义标注语料库能为 HNC 团队和一般的语言研究者服务，以最大限度地发挥该语料库的应用价值，我们需要为 HNC 语义标注语料库配备一个有效的查询工具，方便使用者从该语料库中找到自己所需要的语料。在这个查询工具里，用户可以通过输入查询请求，来找到符合自己需要的语料，这些语料都是以句子的形式反馈给用户。

HNC 语义标注语料库查询工具是我们为用户所提供的对 HNC 语义标注语料库里标注的语义信息进行系统查询的便利和强大的工具。用户通过使用这个工具，能够充分利用 HNC 语义标注语料库中所蕴含的丰富的语义信息，进一步更好地为语言研究服务。

第一节　查询工具的特点

查询工具除了可用——能够满足基本的查询功能外，还必须好用——能够真正符合用户的需求。通过调查发现，语料库使用者对查询工具大体有如下三个方面的要求：

快捷的查询速度；

友好的查询界面；

强大的查询功能。

为了使查询工具达到可用并且好用的目标，我们在这三个方面作出了努力。可以说，快捷的查询速度，友好的查询界面，强大的查询功能正是 HNC 语义标注语料库查询工具所具有的特点。

一　快捷的查询速度

对于用户而言，语料查询工具的反应速度很重要，用户在使用查询工具时，一定不希望把大量的时间浪费在对查询结果的等待上。所以，如何能做到快速地反馈查询结果，对查询工具而言至关重要。

XML 作为语料存储工具虽然具有很多优点，但也存在着一定的不足。比如 XML 的文本表现手法、标记的符号化会导致 XML 数据比二进制表现数据量增加，XML 的检索是基于节点的检索，存放大量甚至海量数据的 XML 文件造成检索速度低下，尤其当数据量很大的时候，效率就成为很大的问题。

为了优化系统的性能，避免 XML 处理大量数据导致的效率低下的弱点，提高对 XML 文本语料的查询速度，查询工具从两个方面作了改变：

一方面，我们在 C++ 和 MFC 的编程环境下进行 HNC 语义标注语料库查询工具的开发[①]。MFC（Microsoft Foundation Classes 微软基础类）是微软提供的用于在 C++ 环境下编写应用程序的一个框架和引擎。该类库提供一组通用的可重用的类库供开发人员使用。极大地优化了系统的性能。

另一方面，我们采用新近出现的一种数据库系统——原生 XML 数据库来操作 XML 语料文件。现在 XML 语言越来越多地用于数据交换和存储领域。在原生 XML 数据库系统中，从数据库核心层到查询语言都采用与 XML 直接配套的技术。因此，使用原生 XML 数据库系统处理 XML 数据，无需进行数据转换，处理速度快，可有针对性地处理 XML 数据的检测、存储及提取。

HNC 语义标注语料库查询工具所使用的 Berkeley DB 是一个高性能的数据库系统，用于存储键/值对数据，速度非常快，可在大多数的操作系

[①] HNC 语义标注语料库查询工具由北京大正语言知识处理科技有限公司软件技术部高继广、李德彦等人开发完成。

统上使用。Berkeley DB XML（BDB XML）是一个嵌入式数据库规范，用来存储和获取 XML 格式的文档，且支持用 XQuery 1.0 语言，可用有效的查询上百万的 XML 文档。

二 友好的查询界面

本语料库是在 HNC 理论的基础上建立起来的语义标注语料库，对于 HNC 团队来说是一个非常有用的资源库。对于一般的语言研究者来说，本语料库所包含的丰富的语义信息同样具有很高的利用价值。只是在如何利用这些语义信息方面存在一些障碍。其中最主要的就是术语不通用的问题。对于一般的语言研究者而言，他们希望在不需要知道 HNC 理论的专有术语的情况下就能充分利用该语料库，查询到自己想要的信息，为自己的语言研究所用。对于 HNC 理论研究者而言，同样也希望有一个方便的数据查询和展示工具。

所以，查询界面要尽量友好，使用户能够方便地设置查询条件，找到自己想要的结果。我们的语料库查询工具正是应合了用户的这种需求，界面设计清晰明了，简单宜用。以句类查询为例，查询界面显示如下：

图 7-1 语料库查询界面

用户可以在"查询字符串"文本框中输入自己想要查询的句子中包含的字符串（一般为词语），在"查询句类"文本框中输入自己想要查找的句类代码，如果用户不知道句类代码如何表示，可点击"选择"按钮，通过提示信息找到自己想要查找的句类代码以完成选择。在句类查询中，还特别设置了句子类型和句类类型两个限定条件，以约束查询结果，方便用户找到自己需要的句子。

总之，查询界面尽量考虑一般用户的需求，采用逐步引导的方式，通过简单的条件选择就能帮助用户找到自己想要设置的查询条件，避免人为的输入和过多的人工干预。

三 强大的查询功能

查询工具最重要的功能就是查询。具有强大的查询功能是用户对工具提出的最重要的需求。HNC 语义标注语料库查询工具把设计重心放在查询功能的实现上。此系统不仅能够使研究者对所有语料进行统一检索，而且拥有多种检索方式，除根据词来检索外，还可以根据其他语料信息进行检索。试图充分利用标注语料库中所蕴含的丰富的语义标注信息，对语义进行全方位的检索。通过对标注信息的各种组合表达式来检索出符合条件的句子。

关于语料的查询将在语料查询一节做详细阐述。

第二节 查询工具的功能设计

查询工具的功能主要包括数据的存储、数据库的操作、语料查询和客户端界面四个组成部分。

一 数据的存储

目前语料库的存储方式很多，如文件系统（纯文本）、关系数据库、XML 和文档数据库。XML 可描述半结构化或非结构化数据。XML 有两种文档类型，一种以数据为中心（data-centric），另一种以文档为中心（document-centric）。"以数据为中心"的 XML 文档着重于文档中的数据，"以文档为中心"的 XML 文档主要是用来表示人类自然语言描述的数据，如书本、报刊、电子邮件等。这种文档具有更复杂的结构，一般不是机器自动产生的。目前，Web 上的大部分数据都可以表示成这种文档。

HNC 语义标注语料就是使用 XML 的存储方式来构建的。采用 XML 存储结构简化了庞大数据库的复杂度，极大地强化了数据库中信息保存与处理的能力，提高了数据库的可维护性、可扩展性和系统的开放性。

二 数据库的操作

XML 技术诞生并迅速成长起来，在诸多领域得到广泛的支持，有着广阔的应用前景，在今天，XML 已经开始对数据存储产生巨大的影响。

到现在，这种可扩展标记语言已是各种数据，特别是文档的首选格式。

相对于数据库技术，XML 技术在数据应用方面具有跨平台、易表义、可描述半结构化数据等优点。但另一方面，XML 技术在数据管理方面又存在一定的局限。首先，XML 技术采用的是基于文件的管理机制，文件管理存在着容量大、管理困难的缺点；第二，目前 XML 的检索是基于节点的检索，存放大量甚至海量数据的 XML 文件造成检索速度极低；第三，解析手段有缺陷。XML 具有两种解析机制，SAX 方式是基于文件的解析，速度慢，DOM 方式是基于内存的方式，资源消耗极大；最后，XML 的安全性及并发操作机制也是需要解决的问题之一。

总体上看，XML 在数据应用方面上具有易表义、跨平台等优势，但客观上需要一种有效的存储、检索等方面的管理机制。

随着 XML 语言越来越多地用于数据交换和存储领域，而传统的关系型数据库系统又对处理复杂类型数据的能力极为有限，于是我们采用新近出现的一种数据库系统——原生 XML 数据库来操作 XML 语料文件。在原生 XML 数据库系统中，从数据库核心层到查询语言都采用与 XML 直接配套的技术。使用原生 XML 数据库系统处理 XML 数据，无需进行数据转换，处理速度快，可有针对性地处理 XML 数据的检测、存储及提取。

从技术角度讲，"以数据库为存贮手段，以 XML 为交换载体"的数据管理模式将成为一种趋势，二者相辅相成，扬长避短。

数据库系统是一个实际可运行的存储、维护和为应用系统提供数据的软件系统，是存储介质、处理对象和管理系统的集合体。它通常由软件、数据库和数据管理员组成。HNC 语义标注语料库查询工具所使用的 Berkeley DB 是一个高性能的数据库系统，用于存储键/值对数据，以拥有比 Microsoft SQL Server 和 Oracle 等数据库系统而言更简单的体系结构而著称。Berkeley DB 速度快，可在大多数的操作系统上使用。

XML 提供了一种连接关系数据库和面向对象数据库以及其他数据库管理系统之间的纽带，XML 文档本身是一种由若干节点组成的结构，这种特点使得数据更适宜于用面向对象格式来存储，同时也有利于面向对象语言（C++、Java 等）调用 XML 编程接口访问 XML 节点。

一个 XML 应用系统需要同时借助 XML 编程接口和数据库编程接口，前者用于对 XML 文档的解析、定位和查询，所需技术包括 DOM 和 SAX；后者则是用于访问数据库，如数据库中数据的更新和检索等等，需要利用的技术有 ODBC、JDBC、ADO 等。

Berkeley DB XML 基于 Berkeley DB，是一个接口，通过它可以实现对 XML 数据存储的支持，它可以存储 XML 片段，XML 片段的结构可以完全不同，非常适合存储具有树形结构，能够做到存储不同结构数据，并有统一的方式进行检索；使用 XPath/XQuery 作为检索语言，语法简单，能够实现大部分常用 SQL 语句的功能，可以方便地实现对 XML 数据的访问。还可以给 XML 添加索引，优化检索速度。

三　语料查询

（一）查询语言

随着作为 XML 存储或可访问的信息的增长，对基于 XML 信息的可用的有效查询语言的需求就变得非常重要。XML 查询语言可以像数据库那样访问 XML 文档或 XML 文档集合。HNC 语义标注语料库采用 XPath 和 XQuery 作为查询语言。

查询条件中所使用的查询语言主要是 Xquery/Xpath。对于一般用户而言，只需使用查询工具给出的选项等信息，进行有针对性的组合查询即可。高级用户也可以自行输写查询条件，根据 Xquery/Xpath 语法自行组织所需规则，输入查询条件，就可以查询到用户所需要的语料。Xpath 操作方便，灵活自由，具有很强的扩展性。

XPath 是 W3C 组织推荐的在 XML 文档中查找信息的 XML 查询语言，可用来在 XML 文档中对元素和属性进行遍历，查找满足给定标准的节点列表。XPath 表达式可以指定需要匹配的位置和方式，用户可以把多种布尔操作符、字符串函数和算术运算符用于 XPath 表达式。

XPath 有自己的语法，XPath 使用路径表达式来选取 XML 文档中的节点或节点集。

下面给出语料查询中常用的路径表达式及其实例。

表 7-1　　　　　　　　路径表达式及其实例

路径表达式	结果
s	选取 s（句子）元素的所有子节点
/text	选取根元素 text
ss/ek	选取所有属于 ss（子句）的子元素的 ek（特征语义块）元素。

续表

路径表达式	结果
//ss	选取所有 ss 子元素，而不管它们在文档中的位置。
//@code	选取所有名为 code（句类代码）的属性。

通过在 XPath 语法中使用谓词可以查找某个特定的节点或者包含某个指定的值的节点。下表中列出了带有谓词的一些路径表达式及结果。

表7-2　　　　　　　　　　带谓词的路径表达式

路径表达式	结果
s/jk [1]	选取属于 s（句子）子元素的第一个 jk（广义对象语义块）元素。
text//*[local-name() ='s'][fk]	当 s 元素中包含 fk 子元素时，返回 s 元素内容。
text//*[local-name() ='s'][fk/@type='In']	当 s 元素中包含 fk 子元素时，且 fk 子元素的 type 属性值为"In"时，返回 s 元素内容。
text//*[local-name() ='s'][fn: contains (@code, 'T3')]	当 s 元素中的 code 属性值里包含"T3"时，返回 s 元素内容。
text//*[local-name() ='s'][sep and ek/@sepid]	当 s 元素中包含 sep 和 ek 子元素，且 ek 子元素具有 sepid 属性时，返回 s 元素内容。

XPath 用于 XML 文档选定部分的定位及导航。为此，XPath 提供了很多函数，用于字符串、数字、布尔值和节点集合的处理。上表中的 local-name () 就是一个节点集合函数，用于返回一个节点名称的本地部分。

XML 模糊了数据库、文档和消息之间的界线，要充分发挥 XML 的作用，必须要有一个强大的、方便的查询语言。XPath 可以满足基本的查询请求，如果要进行比较复杂的查询，就要使用 XQuery 语言。

XQuery 是 W3C 开发的一个标准，是一种专门查询各类 XML 数据的高效智能语言。用于从 XML 文档查找和提取信息。XQuery 建立在 XPath 基础之上，兼容 XPath，查询功能更为强大，是目前应用最为广泛的 XML 查询语言。

查询由表达式组成，XQuery 提供了一些不同类型的表达式，这些表达式可以随意组合。XQuery 中有两种重要的表达式：路径表达式和 FLWOR 表达式。路径表达式形如 XPath 语法，可以在分层的 XML 元素之间进行导航，返回在路径末端找到的元素。FLWOR 表达式类似于 SQL 中的

SELECT-FROM-WHERE 表达式，用于对由多项组成的一个列表进行迭代，并且可以选择返回通过在每一项上进行计算得到的值。

XQuery 中的路径表达式由一系列的"步（step）"组成，在 XML 层次中向下导航，每一步还可以包含一个谓词，用于过滤返回的元素，只保留满足某种条件的元素，使用函数来提取 XML 文档中的数据。如：

下面的路径表达式用于在"gmd01.xml"文件中查询句类代码为"jD"的句子，即在"gmd01.xml"文件中选取所有的 s 元素内容，并且所选取的 s 元素下的 code 属性值为 jD：

doc（"gmd01.xml"）/text//s［@code="jD"］

FLWOR 实际上是一组命令的简称。

XQuery 使用 FLWOR（FOR、LET、WHERE、ORDER BY、RETURN）表达式，有强大的表述能力：

FOR：对输入序列提取到变量中

LET：声明一个变量并为之赋值

WHERE：指定过滤查询结果的标准

ORDER BY：指定结果的排序顺序

RETURN：定义所返回的结果

其中，FOR 或 LET 必须存在，WHERE 和 ORDER BY 是可选的，RETURN 是必需的。

对于上面路径表达式中的查询请求：在"gmd01.xml"文件中查询句类代码为"jD"的句子。用 FLWOR 表达式描述如下：

for ＄ x in doc（"books.xml"）/text//s

where ＄ x［@code="jD"］

order by ＄ x

return ＄ x

与 XQuery 语言相比，XPath 语言形式简明，易于使用。一般而言，使用 XPath 进行 XML 查询已经能够满足需求。当需要构造更复杂的检索条件时，可以使用 XQuery 语言进行查询。

（二）查询内容

用户的查询内容一般包含三个方面的信息：一是字词查询，查询包含指定字词的句子；一是语义成分查询，查询出现指定的语义成分的句子；一是句类查询，查询句子的句类代码等句义信息。

1. 字词查询

查询工具可以进行单个的字词查询，查询到包含特定的单个字词的语料。也可以进行词语搭配查询，查询到两个或两个以上的词语共同出现的语料。还可以实现高级的字词查询，如使用"？ ＊"等通配符或自行组合逻辑表达式等，实现精确地查找。

字词查询不是查询工具要解决的重心，通常配合语义成分查询或句类查询组合使用。

2. 语义成分查询

查询出现特定语义成分的句子，并在查询结果中用反色显示语义成分。这是查询工具要实现的重要查询功能之一，实现语义成分的查询对于分析研究句子的语义结构十分有帮助。我们可以查询特定的语义块（如广义对象语义块、特征语义块、辅语义块等），可以查询特定的语义成分中出现某个特定词语或特定语义信息，可以查询语义块的特殊构成形式，还可以查询具有特定语义属性信息的语义成分等。

语义成分在语料库中都是用元素标注出来的，有：复句 <cs>、句子 <s>，广义对象语义块 <jk>，特征语义块 <ek>，辅语义块 <fk>，分离语 <sep>、子句 <ss>、包装 <pack>、独立语 <abs>、EK 复合构成要素 <epart>、歧义字段 <ambi>、未登录词 <word> 等。

按照语义成分的构成级别，可分为三个层级实现查询：句子层级、语义块层级和词语层级。

句子层级的查询主要表现在对复句的查询上。按照共享关系，我们把复句分为简单共享句、迭句、链句，复杂共享句和无共享句 5 种类型，查询工具可以按照复句的类型进行分类检索，对不同类型的复句进行查询。

语义块层级的查询内容最为丰富。HNC 语义标注语料库对语义块这个层级的语义信息描述得最为详细，相应的，要求查询工具能尽可能地查询出标注的各种信息。

根据标注的信息，用户可以查询语义块的类型。指明要查询的语义块是广义对象语义块、特征语义块，还是辅语义块。

如：

A. 查询辅语义块

查询条件可表述为：<s> 元素中包含 <fk> 元素。用 XPath 语言可表示为：

text// * [local-name () = śʼ] [fk]
在语料库中可查询到类似下面这样的句子：
<s code = " jD" >
　<jk type = " 1" >9月1日</jk>
　<fk type = " Cn" >在日本</fk>
　<ek>是</ek>
　<jk type = " 2" >个非同平常的日子</jk>
</s>

显示时不显示标注信息，只显示原始语料，查询的知识项用下划线标出：

（1） 9月1日<u>在日本</u>是个非同平常的日子。

如果配合字词查询，用户就可以查询到特定语义块中包含特定词语的句子。如，用户可以查询：特征语义块中包含"通过"的句子。这样，结果中就会呈现出语料中所有包含"通过"一词，且"通过"一词只出现在特征语义块中的句子，"通过"一词在辅语义块中的句子将会被排除在查询结果之外。也就是说，"通过"一词作介词的情况将不会出现在查询结果中。

B. 查询主语义块构成类型

语义块分主、辅语义块两种，不同的主语义块内部有不同的构成类型。用户可以对主语义块的构成类型信息进行查询。

对于广义对象语义块，其构成类型分为简单构成、原型句蜕、要素句蜕、包装句蜕、嵌套句蜕、块扩、分离等几种情况。

简单构成类型是指句中的广义对象语义块由一个简单的名词或名词短语充当，内部不出现局部特征语义块，也就是不含有谓词短语。这样的句子简洁明了，广义对象语义块简单构成的例句如：

（2） 但<u>袋里的内容</u>却大不一样。
（3） 孩子才知道<u>里面的内容</u>。
（4） <u>有的学校</u>还组织<u>一些娱乐活动</u>。
（5） <u>校内庭院</u>干干净净。

广义对象语义块的内部包含有句蜕，即谓词短语的结构形式，则构成相对复杂。句蜕按其复杂程度，可分为原型句蜕、要素句蜕、包装句蜕、复杂句蜕（即存在句蜕嵌套或句蜕是由复句蜕化而来）等几种情况。用户可以查询特定的句蜕类型，并可限定句蜕出现的位置。

如：查询第一个广义对象语义块中包含原型句蜕的句子。

查询条件可表述为：<s>元素中包含<jk>元素，jk元素的type属性值是1，且jk元素中包含ss元素，ss元素的type属性值是1。用XPath语言可表示为：

text//＊［local-name（）＝ś］［jk［@type＝1］／ss［@type＝1］］

在语料库中可查询到类似下面的一些例子：

（6）<u>孩子入学</u>，是其人生道路上迈出的重要一步。

（7）<u>经济困难的学生可免费就餐</u>。

（8）<u>人多</u>是国有企业的一大通病。

（9）<u>搬进新房</u>还不到两个月。

（10）<u>我与父亲不相见</u>已二年余了。

再如：查询广义对象语义块中包含嵌套句蜕的句子。

查询条件可表述为：<s>元素中的jk元素中包含ss元素，且ss元素内部又包含有ss元素。用XPath语言可表示为：

text//＊［local-name（）＝ś］［＊/ss/＊/ss］

在语料库中可查询到类似下面的一些例子：

（11）据说，<u>给<u>入学新生</u>送喇叭筒</u>的习俗，在德国可以追溯到100多年以前。

（12）<u>安排<u>儿童避难</u>也是"防灾训练"</u>的重要一环。

（13）<u>纳米技术是指制造体积不超过数<u>百个纳米</u>的物体</u>。

（14）总觉<u>他说话<u>不大漂亮</u></u>。

（15）我想<u>看见<u>他坐起来</u></u>。

例句中，一条下划线所标示的部分属于句蜕嵌套，是外围句蜕，两条下划线所标示的部分是句蜕里面嵌套着的句蜕。

对于特征语义块，其构成类型分为简单构成、并列式构成、组合式构成、高低搭配、动静搭配、高低动静搭配、分离等几种情况。对于特征语义块构成的查询，我们只需设置ek元素的type属性信息即可。

如：查询特征语义块是并列式构成的句子。

查询表达式可描述为：<s>元素中的ek元素的type属性值是2。用XPath语言可表示为：

text/＊/para/＊［local-name（）＝ś］［ek/@type＝2］

在语料库中可查询到类似下面的一些例子：

（16）观察和检查他们是否做好了新学期的学习准备。

（17）集团内几个大中型企业停产或半停产。

（18）秋的味，秋的色，秋的意境与姿态，总看不饱，尝不透，赏玩不到十足。

（19）他们在茶几旁边跳着唱着。

对于辅块，其构成类型分为手段 Wy、工具 In、途径 Ms、参照 Re、条件 Cn、原因 Pr、目的 Rt、两可因果 ReB/ReC、两可参照 ReB/ReC 等几种。

如：查询包含工具辅块的句子。

查询表达式可描述为：句子中包含 < fk > 元素，且 < fk > 元素的属性值为"In"。用 XPath 语言可表示为：

text// ＊ ［local-name（） = 's'］［fk/@ type = 1n'］

在语料库中可查询到类似下面的一些例子：

（20）以实例启发学生理解课文。

（21）借助社会力量盘活存量资产。

（22）利用纳米粉末，甚至可以使废水彻底变成清水。

（23）以重金购得了该书的全球中文版版权。

（24）他用两手攀着上面。

词语层级的查询主要表现在未登录词和伪词的查询上。用户可以查询到标注语料中所标注的未登录词和伪词（即组合型歧义字段）的信息。

如：查询包含伪词的句子。

查询表达式可描述为：句子中包含 < ambi > 元素，且 < ambi > 元素的属性值为 2。用 XPath 语言可表示为：

text// ＊ ［local-name（） = 's'］［＊/ambi/@ type = 2'］

在语料库中可查询到类似下面的一些例子：

（25）孩子进校第一天，校方要领孩子参观学校的各种设施，包括教室、厕所、健身房、活动室等。

（26）忽而车把上带着一个人。

（27）就不能一任乡愁缠绵，弥漫。

3. 句类查询

通过搜索条件，可以查询句子的语义类型即句类，并可按类型（如基本句类、复合句类、混合句类等）做分类查询。

句类代码的信息我们通过在 <s> 元素和 <ss> 元素中设置 code 的属性来描述。code 的属性值就是句类代码值。句类可以直接输入，在检索框中输入待检索句类，就可以找出特定句类的句子。对于不熟悉句类代码的使用者，也可以通过选择句类列表由程序引导来获得。查询工具将给出句类代码的文字说明供用户选择，以满足用户的查询请求。

句类有层级的划分。可分为基本句类、混合句类和复合句类。基本句类可分为 7 大句类 57 种基本句类。因此对于句类代码的查询可分层次进行。

A. 可查询七大句类

七大句类为：作用句 X，过程句 P，转移句 T，效应句 Y，关系句 R，状态句 S，判断句 D。

这里的 7 大句类是指包含下属子类的所有基本句类，属模糊查询。如：查询作用句 X，实际搜索的结果应包含：X、X10、X20、X300、X4 等作用句及其子类。也就是说查询的集合是 code 值中所有以 X 字母开头的值，字母后面也可以带有数字。但不包含 code 值中带 * 号的句类，因带 * 号的句类一定是复合句类，不属于基本句类的范畴了。

B. 可查询 57 种基本句类

可查询特定的基本句类的句子，即精确查询。如：输入"X20"或选择一般反应句，就能找到所有 code 属性值等于"X20"的句子。

用 XPath 语言可表示为：

text//*［local-name（）='s'］［@ code = 'X20'］

在语料库中可查询到类似下面的一些例子：

（28）孩子进校第一天，校方要领孩子参观学校的各种设施，包括教室、厕所、健身房、活动室等。

（29）忽而车把上带着一个人。

（30）就不能一任乡愁缠绵，弥漫。

C. 可查询混合句类

混合句类的句类代码中含有两个或两个以上的基本句类代码。可精确查询，也可以模糊查询。精确查询是指输入的句类代码与 code 属性值完全相同。模糊查询是指输入的句类代码等于或部分等于 code 属性值。如：精确查询时，输入"T3Y30*21"，能找到所有 code 属性值等于"T3Y30*21"的句子。模糊查询时，输入"T3"，能找到所有 code 属性值中包含"T3"、"T31"、"T32"、"T30"、"T3a"等的句子，还包括"T3Y30∗21"、"T3XY∗322"、"T31S02∗20"等混合句类。

精确查询 code 属性值等于"T3"的句子，用 XPath 语言表示为：

text/ ∗ / ∗ / ∗ ［local-name（）='s'］［@ code = T3'］

在语料库中可查询到类似下面的一些例子：

(31) 我问她："你要打电话吗？"

(32) 吃饭的时候，我对他们说："在山上，有一座小屋。"

(33) 医生再三告诫不能久坐。

模糊查询 code 属性值等于"T3"的句子，用 XPath 语言表示为：

text/ ∗ / ∗ / ∗ ［local-name（）='s'］［fn：contains（@ code，T3'）］

在语料库中可查询到类似下面的一些例子：

(34) "第一推动"、"时间简史"、"霍金"等名词一夜之间传遍知识界。(T3a)

(35) 临终前，她反复叨念："春彪他怎么没来呢？"(T31)

(36) 有些好心的邻居劝高广全把水泥卖掉。(T3XY∗31)

D. 可查询转换句类

转换句类的句子特点是 < s > 或 < ss > 元素中不仅包含 code 属性，而且必然包含 tcode 属性。其中 code 属性值对描述转换后的句类信息，tcode 属性值对描述转换前的句类信息。如果要查询发生句类转换前的句类代码，只需使输入的句类代码等于 tcode 的属性值即可。

查询包含句类转换的句子，用 XPath 语言表示为：

text/ ∗ / ∗ / ∗ ［local-name（）='s'］［@ tcode ｜ ∗ /ss/@ tcode ｜ ∗ /ss/ ∗ /ss/@ tcode］

在语料库中可查询到类似下面的一些例子：

(37) 圣诞树的风俗是从德国来的。

(38) 因此，目前已有许多防晒油、化妆品因为加入了纳米微粒而具备了防紫外线的功能。

(39) 人的时空观也在不断地受到冲击和挑战。

这三个例句分别是传输句向是否判断句的转换、基本状态句向存在判断句的转换、基本作用句向一般承受句的转换。

4. 语义结构查询

语义结构查询即格式代码查询。可以查询句子的语义块排列格式。可以查询句子出现省略语义块的情况等。

格式代码是对语义块排列顺序的代码表示。可以输入具体的格式代码来查询，也可以通过描述具体的语义块的排列结构来实现查询。如可以输入格式代码"！113"，也可以输入"S+^O2+V+O1"来查询，以满足一般语言使用者的使用习惯。

用 XPath 语言表示为：

text/ * / * / * [local-name（）=´s´] [@form=´！113´]

在语料库中可查询到类似下面的一些例子：

（40）许多人甚至以谈论这套书中的内容为时髦。

（41）记忆把我拉回到是几年前的一个黄昏。

（42）伦敦把历史保留得鲜活而完整。

格式代码中不仅蕴含了语义块的排列顺序信息，同时还描述了语义块的数量信息。通过格式代码，我们不但能查询句子的语义块的排序信息，也能查询句子的语义块数量信息，通过省略格式，我们能查询到省略了特定语义块的句子。

如要查询省略了主语的句子，用 XPath 语言可表示为：

text/ * / * / * [local-name（）=´s´] [fn：contains（@form，´31´）]

在语料库中可查询到类似下面的一些例子：

（43）开学第一天不正式上课。

（44）长年拖欠职工工资。

（45）一定要供她念书。

5. 组合查询

组合查询指查询两个或两个以上内容的查询。

组合查询可以直接通过 XPath 语言实现。

如查询第二个广义对象语义块中含有"把"的句子。

用 XPath 语言可表示为：

text/ * / * / * [local-name（）=´s´] [fn：contains（jk，´把´）and jk/@type=´2´]

在语料库中可查询到类似下面的一些例子：

（46）为不忘记这一"历史教训"，日本把9月1日定为"防灾日"。

（47）在除夕以前，家家必须把春联贴好。

（48）我把这个简单的构思记下来。

(49) 也还是重演昨天的老把戏。

(50) 因为知道这把年纪经不起了。

组合查询也可以使用 XQuery 语言实现。如查询特定词语充当复合构成中的特定要素的句子。

查询内容：查询特征语义块是高低搭配构成，且高层概念由"进行"充当的句子。

查询表达式可描述为：＜s＞元素中的 ek 元素的 type 属性值是 4，且 ek 的 epart 元素的属性值为 EQ，"进行"一词包含在 epart 中。用 XQuery 语言可表示为：

for ＄x in //s

where ＄x/ek/epart/［@ role = " EQ"］ and ＄x/ek/epart/text ( )［contains (., "进行")］

return ＄x

在语料库中可查询到类似下面的一些例子：

(51) 各校均为此进行认真准备。

(52) 无数仁人志士为了国家独立、民族复兴，进行了艰难的探索和奋斗。

(53) 在条件允许的情况下，你可以通过一扇打开的窗户进行拍摄。

(54) 我们对原有审批项目进行了清理。

(55) 多年来，该组织对中国的消费市场进行了持续深入的研究。

(三) 客户端界面

为了实现查询工具的功能，我们设计了一个简单的客户端界面。主要包括语料选择、语料加载、语料查询和查询结果显示等几个方面。

1. 语料选择

用户可以自己选择所需要查询的标注语料库文件。可以选择单个语料库文件，也就是用户只在一个文件里查询；也可以选择多个语料库文件，也就是用户可以选择一个文件夹，批量调用文件夹下的所有标注语料文件，对整个文件夹里的所有语料进行查询。

2. 语料加载

用户在选择好要查询的语料文件后，可以为选择好的查询语料命名（文件的扩展名必须是 dbxml）。实现语料的加载功能。这样，当用户以后再次使用相同的语料文件时，就不需要再次选择语料，而是直接输入定义好的语料名，就可以实现自动加载，不只节省用户的时间，更为重要的是，查询工具不需将语料文件再次调入内存，建立数据库，而是直接就可以使用，极大地提高计算机运行的效率。

3. 语料查询

查询工具提供了普通查询和高级查询两个界面。普通查询界面采用逐步引导的方式帮助用户找到想要的查询结果。

在高级查询界面里，要求用户熟悉 XPath 语句。用户通过灵活自由地运用和组织 XPath 查询语句，进行高级检索，可以更加全面地找到自己想要查询的内容。界面如图 7-2。

图 7-2 语料库高级检索查询界面

本书使用 XML 形式来组织句子的 HNC 标注信息，因而 XML 查询是 HNC 特征检索的基础。语料库的 HNC 特征检索便是查询满足 HNC 特征的 XML，通过 XML 查询语言能够模式化地实现语料库检索，这也是采用 XML 形式组织标注信息的一个重要原因。

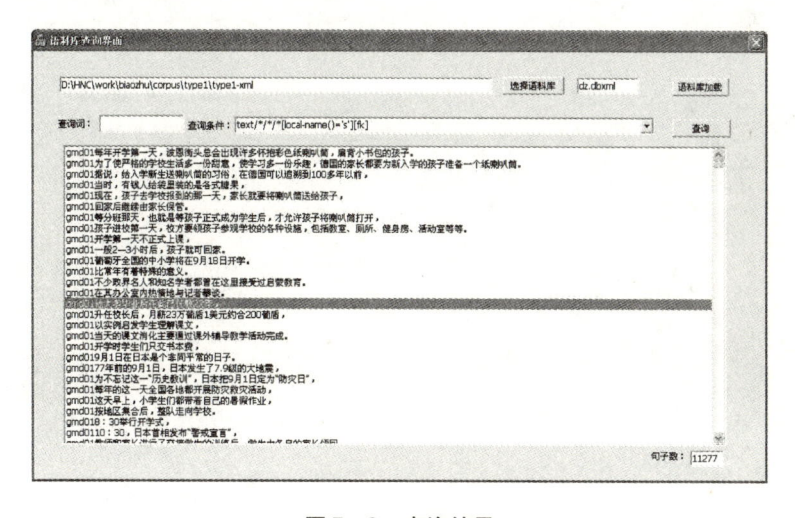

图 7-3 查询结果

4. 查询结果显示

用户可以使用 XPath 语言自行来组织查询条件语句,输入到查询条件文本框中,进行查询。前提是用户要会使用 XPath 语言,并且了解标注语料的结构。

比如,用户想查询所有包含辅块的句子,那么就在查询条件文本框中输入如下语句:"text/ * / * / * [local-name ( ) ='s'] [fk]",查询出的句子总数及具体的句子将在下面显示出来:共找到 11277 个句子。

第八章　HNC 语义标注语料库的应用

自从 20 世纪 60 年代世界上第一个语料库——布朗语料库建立以来，语料库的建设一直是自然语言处理领域一个重要的方面。语料库在自然语言处理中发挥着重要的作用，关于词频、字频、信息检索、信息抽取等都是在语料库的基础上得出的。语料库因其强大的作用日益受到计算语言学界的重视，进而发展成为语言学中的一个重要分支——语料库语言学。语料库的研究方法是中文信息处理的有效方法。在语义研究中，语料库同样是一种十分有用的工具。

基于 HNC 的句子级语义标注语料库立足于语句、跨接词语（短语）和句群，清晰地表述了语句整体语义的深层结构，提供了表层与深层分析的便捷表示方法。研究内容超越了传统语义的研究范围，对语料库研究从语句表层迈向深层具有重要的意义。

从语料库建设上来说，句子级语义标注语料库具有开创性的价值。HNC 因其自身的独特性决定了尽管现在存在很多不同规模和不同类型的语料库，但是这些语料库都不能为我们所用，我们必须构建自己的语料库。这是因为，一方面，我们建设的语料库是语义标注语料库，而进行语义标注的语料库在当前阶段还是不多见的，均处于探索阶段，方法和理论尚不成熟。另一方面，我们所进行的语义标注是基于 HNC 的语义标注，HNC 理论是黄曾阳先生创立的关于自然语言处理的理论。其方法的独创性且自成体系，决定了 HNC 不能使用通用的加工语料库进行研究，而必须构建自己的语义标注语料库，为 HNC 理论和语言的研究和处理服务。

从标注内容上来说，句子级语义标注语料库填补了语料库标注的空白。目前世界上的标注语料库主要是词语层面的，以结构标注为主。HNC 标注语料库是句子级的，以语义标注为主，采用自上而下的标注方式，与以往的自下而上的标注方式相互补充，填补了语料库标注的空白。

第三代语料库以采用通用标准语言为特征。构建一个采用 XML（可扩展标记语言）作为标注形式的 HNC 语义标注语料库，这就为语料库的共享提供了保障。同时为语料库开发一个管理工具，实现更新、修改、检索等一系列功能，既可以保证语料库的实时更新，更为重要的是，它能够实现语义检索，这种语义检索因其采用通用的标注形式而具有良好的通用性，使其服务的对象不仅限于 HNC 内部的工作者，而且也能为不熟悉 HNC 理论的人所使用。

标注语料、建立加工语义标注语料库，通过对大量的真实的语言材料进行系统的分析和标注，一方面可以验证 HNC 句类理论的有效性，为句类理论的完善和发展服务，因为标注语料的过程就是对分析句子语义的理论和方法进行研究的过程，标注后的语料库又形成语言研究和中文信息处理的宝贵资源。另一方面，也可以为广大的语言学工作者进行语言研究提供帮助。这一语料库的建成将对整个中文信息处理乃至语言教学与研究具有重要的意义。

第一节 在语言本体研究方面的应用

标注语料的过程本身就是语义分析的过程。语言本体研究的成果可以指导语料的标注，反过来标注的语料又为语言本体研究提供强有力的数据支持。以动词研究为例，一个句子的基本语义信息蕴涵在特征语义块中，而特征语义块的核心一般由动词充当。所以，在词语知识库的建设中，我们的做法是把句类信息附载到形成特征语义块的概念和词语上，以便激活和调用句类信息。这样，对句义的分析便集中落到对动词的分析上。以动词为中心，可以形成什么样的句类，所构成的句子中的各个主语义块的排列顺序（即句子的格式代码）有哪些，在建库之始，我们可以根据填库者的语言学知识的积累通过演绎的方式给出，不过要想全面而准确地分析一个词语的用法，还需要有具体的标注语料加以验证和补充。

以"提高"一词为例：

"提高"表示质量的提升，是典型的效应型概念，可以从作用极和效应极两个角度进行表达，形成基本作用句 $XJ = A + X + B$ 和基本效应句 $Y401J = YBC + Y$。这样，"提高"所形成的句类就有 XJ 和 Y401J 两种类型。例句如下：

(1) 国家多次提高教师工资标准。（XJ）

(2) 中国的国际地位不断提高。(Y401J)

那么是不是这两个句类就可以完整概括以"提高"为中心动词的句子所表述的语义类型呢？通过对标注语料的查询搜索，我们发现，基本作用句和基本效应句确实是"提高"所形成的典型的例句，所占比例很大，这验证了我们所给出的句类的准确性，但我们还发现，"提高"还形成了如下几种句类：

(3) 高考录取率从36%提高到59%。(Y4S0*21J)

(4) 努力把军队革命化、现代化、正规化建设提高到一个新水平。(！31113XS0*322J)

这两种句类是在基本句类的基础上形成的混合句类，分别是基本效应句和一般状态句的混合（Y4S0*21）以及基本作用句和一般状态句的混合（XS0*322），前者是三主块句："高考录取率"和"59%"是广义对象语义块，"提高到"是特征语义块。这一句类经常和参照辅块（句中成分为"36%"）具有很强的关联性。后者是四主块句，省略了第一个广义对象语义块，是从作用极的角度与状态混合而形成的句类。这两种类型的共同之处在于中心动词后面出现了下装"到"，该成分在句类形成中扮演了十分重要的角色。对于动词后面带了下装而构成新的句类的情况十分常见，我们在构建知识库时忽略的信息在标注语料中就很容易找回。可见，标注语料对我们的语言研究具有辅助的作用。

第二节　在中文信息处理方面的应用

语料库在中文信息处理方面的应用主要表现在语料库对 HNC 句类分析系统的作用。标注语料库可以作为句类分析系统的测试标准，帮助提高句类分析系统的性能。

句类分析系统是 HNC 理论的技术实现，是 HNC 的语言理解处理技术。句类分析的目标是判定句类、辨认语义块、分析语义块构成。句类分析系统首先找出句子中出现的 l 类概念和 v 类概念，并利用它们提供的信息来对句子的句类进行假设，然后运用句类知识对各个假设句类进行合理性分析，最终判定句子的句类。句类确定以后，再进一步对句子的各个语义块的构成进行分析。这就是句类分析系统的主要流程。但是由于知识库本身以及句类分析系统有可能存在这样或那样的问题，所以分析错误的情况时有发生。如：

（5）创作取向体现了很强的时代特征。

这个句子，是一般效应句 Y30J，句类表示式为：Y30J = YB + Y30 + YC，"创作取向"是效应对象 YB，"体现"是效应，"很强的时代特征"是效应内容 YC。句类分析系统给出的结果如下：

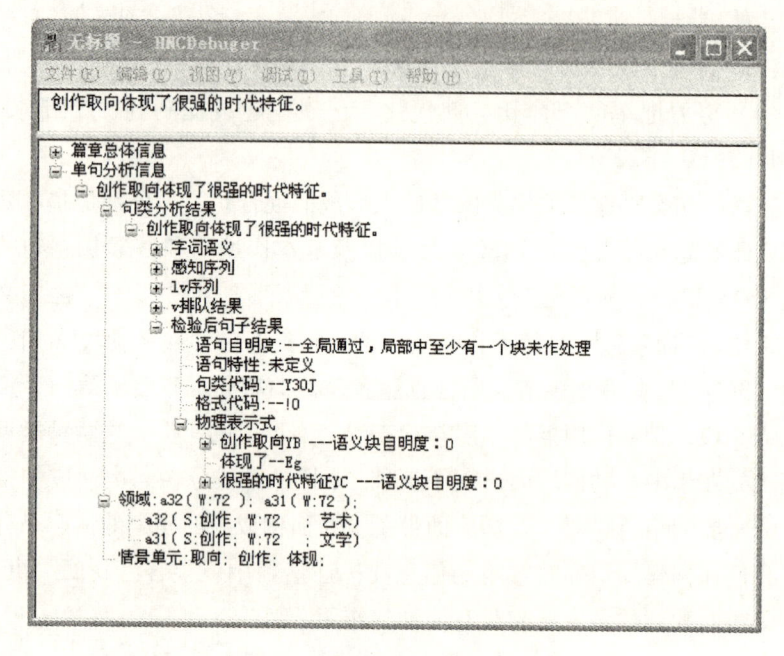

图 8-1 句类分析系统分析结果

这与人工标注的结果基本一致。

再如：

（6）他们被一阵敲门声打断了谈话。

这个句子是一个带有语义块分离特征的基本作用句 XJ。从整个句子形式上看有四个块素："他们"、"一阵敲门声"、"打断了"、"谈话"。但是从语言深层上讲，仍然是一个三主块句，"一阵敲门声"是作用者 A，"他们"和"谈话"这两个块素应该合二为一，共同作用基本作用句的作用对象 B，整个句子还原回来应该是：他们（的）谈话被一阵敲门声打断了。

下面是句类分析系统给出的分析结果：

句类分析系统给出的分析结果，认为全句是一个包含三主块的作用过

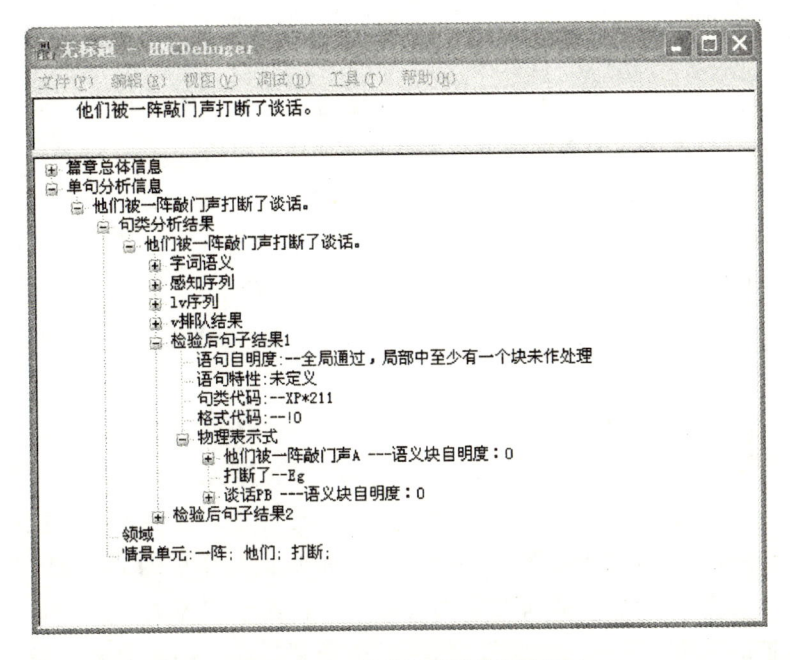

第八章 HNC语义标注语料库的应用

图 8-2 句类分析系统分析结果

程句 XP * 211，作用者是"他们被一阵敲门声"，特征语义块是"打断了"，过程对象是"谈话"。句类分析系统将该句的 GBK1 作用者判断错误。

有了这样一个标注语料库，就可以作为句类分析系统的测试标准，将人工标注语料与机器自动生成的句子分析结果相比较，对句类分析系统的准确度进行校验。通过对句类分析系统的分析错误之处进行归纳总结，找出其错误所在，修改相应的知识库和算法，就可以提高句类分析系统的准确率。

第三节 在语言教学方面的应用

在语言教学中，无论是本族语的语文教学，还是汉语作为第二语言的对外汉语教学，语义标注语料库都具有重要的参考价值，可以为语言教学特别是语法教学提供语言材料的支撑。我们可以在语料中更好地掌握词语的用法，句子的结构及语义。

对于语料库在词语教学中的作用，我们以"压力"一词为例。"压

力"是名词,一般可以作主宾语,其前可以有定语修饰成分,这是"压力"一词的主要用法,例如:

(7) 我国社会主义事业的发展面临空前巨大的困难和压力。(S0J)

(8) 当前的压力更多地来自于对经济加快发展的追求。(P22J)

(9) 文化的包袱、政治的压力、经济的危机等都可以给大学以沉重的打击。(!11XJ)

(10) 学生普遍感到学习的压力过大。(X20J)

(11) 由于长年超负荷工作和创作以及长期的心理压力,舒曼的身体受到严重损害。(X10J+Pr)

(12) 东四北大街和朝内大街的交通压力得到很大缓解。(X10J)

仔细分析一下"压力"前的修饰成分,我们就会发现,同样是修饰成分,但它们所起的作用却相差很大。"空前"是对"压力"的程度修饰,"当前"是对"压力"的时间修饰,而后面句子中的"政治""学习""心理""交通"则都是压力的源头,相当于"压力"的施事,它们施加的对象分别是"大学""学生""舒曼""东四北大街和朝内大街"。

可见,"压力"这样的词语是可以有施事和受事的,那么"压力"能否作谓语,表达一个完整的施受关系呢?回答是肯定的。不过"压力"并不能单独作谓语,它需要与一些词语搭配共同构成谓语部分,来表达一个完整的意义。我们看下面的例子:

(13) 有的对报忧的人横加指责,施加压力,甚至打击报复。(!11(X21T3*^21;X;X)J)

(14) 而对于那些侵权者,惩戒不重就不足以构成强大的压力。(!3111XJ++!3132XJ)

(15) 对手给了我很大的压力。(XJ)

(16) 人民币升值给出口企业带来压力。(!11XJ)

(17) 美国校园枪击事件对亚裔学生造成心理压力。(!11XJ)

这些句子中,谓语的核心部分是由"压力"和其前面的动词"给""带来""造成"组合起来共同构成的,这样理解才能更准确地把握全句的语义。在标注语料库中,我们体现了这样一种词语的用法特征,可以帮助语言教学,使学习者能够更全面准确地把握一个词语的用法。

第四节 结语

当前，语料库已经成为语言学理论研究、应用研究和语言工程不可缺少的基础资源。HNC 理论作为中文信息处理领域的一个重要的创新理论，建立适合自己需要的语料库，为 HNC 理论研究和应用乃至语言的信息处理研究和应用提供资源支撑，成为一项势在必行的任务。HNC 语义标注语料库查询工具是我们为用户所提供的对 HNC 语义标注语料库里标注的语义信息进行系统查询的便利和强大的工具。用户通过使用这个工具，能够充分利用 HNC 语义标注语料库中所蕴含的丰富的语义信息，更好地为语言研究服务。

附　　录

附录1　HNC句子级语义标注语料库的XML规范

一般格式：

```
<text ver="" update="">                           //文档根元素
    <head by="" rev="" date="" style="" lang="" title="" author="" from=""/>  //篇头
    <body>                                        //篇体
        <title level="">                          //标题
            <phr> </phr>                          //短语
            <s> </s>                              //句子
            <cs> </cs>                            //复句
        </title>
        <para>                                    //段落
        <phr>                                     //短语
            <ss type="" code=""> </ss>            //子句
            <pack pos="" of=""> </pack>           //包装
        </phr>
        <s code="" form="" shid="">               //句子
            <correl> </correl>                    //句间关联语
            <abs> </abs>                          //独立语
            <fk> </fk>                            //辅语义块
            <jk type="" conv="" shedid="">  //广义对象语义块
                <ss> </ss>                        //子句
```

```
                    <pack>  </pack>                //包装
                    <abs>  </abs>                  //独立语
                    <sep id="" from="" pos="">  </sep>//语
义块分离
                    <ambi type="">  </ambi>        //歧义字段
                    <word type="">  </word>        //未登录词
                </jk>
                <ek type="" comb="">               //特征语义块
                    <epart role="">  </epart>//EK构成要素
                </ek>
                <sep id="" from="" pos="">  </sep>//语义块
分离
            </s>
            <cs type="">                           //复句
                <correl>  </correl>                //句间关联语
                <abs>  </abs>                      //独立语
                <s>  </s>                          //分句
            </cs>
        </para>
    </body>
</text>
```

说明：

1. 篇章

<text>元素

<text>元素是文档根元素。

<text>元素不含纯文本内容，含下列元素：

  <head> 必有，只出现一次。表示篇头，详细说明见下文。

  <body> 必有，只出现一次。表示篇体，详细说明见下文。

<text>元素具有下列属性：

  ver 可选。表示版本号（version），取值为 an 或 bn。"a"

为简化版，"b"为完整版，n 表示标注所依据的版本号，默认为"a1"。

　　　　update　　可选。表示最后的修订日期。采用 CCYY-MM-DD 的格式。如：2005 – 09 – 14。

2. 篇头

　　< head >元素

　　< head >元素描述说明整篇语料的基本信息。

　　< head >元素具有下列属性：

　　　　by　　必有。表示标注者的姓名。多个姓名之间用半角空格隔开。

　　　　rev　　可选。表示修改者的姓名（reviser）。多个姓名之间用半角空格隔开。

　　　　date　　可选。表示标注日期。采用 CCYY-MM-DD 的格式。如：2005 – 09 – 14。

　　　　style　　必有。表示文体，取值为 1—4，分别为表述文、叙述文、评述文和论述文。

　　　　lang　　必有。表示语种（language），取值为 1—2，分别表示中文和英文。

　　　　title　　必有。表示篇名。篇名不需用书名号括起来。

　　　　author　　可选。表示篇章作者的姓名。多个姓名之间用半角空格隔开。

　　　　from　　可选。表示篇章的出处。

3. 篇体

　　< body >元素

　　< body >元素描述语料的内容和标注信息。

　　< body >元素不含纯文本内容，含下列元素：

　　　　< title >必有，可多次出现。表示标题，详细说明见下文。

　　　　< para >必有，可多次出现。表示段落。详细说明见下文。

4. 标题

　　< title >元素

　　< title >元素表示标题。

　　< title >元素不含纯文本内容，含下列元素：

　　　　< phr >　　可选，可多次出现。表示短语。详细说明见

下文。

    < s > 可选，可多次出现。表示句子。详细说明见下文。

    < cs > 可选，可多次出现。表示复句。详细说明见下文。

    < note > 可选，可多次出现。表示注释。详细说明见下文。

  前三者必有其一。

  < title >元素具有下列属性：

    level 必有。表示标题级别。用符号 m-n 标记，m 表示一级标题的序号，n 表示二级标题的序号，以次类推。level 取值为"0"时表示全篇标题。

5. 段落

  < para >元素

  < para >元素表示段落（paragraph）。

  < para >元素不含纯文本内容，所含元素与< title >元素相同。

  < para >元素具有下列属性：

    other 可选。表示正文段落之外的文本。一般也是正常的句子或句群，如编者按语、内容提要等。此属性若出现，取值必为"yes"。

6. 短语

  < phr >元素

  < phr >元素表示短语（phrase）。

  < phr >元素可含纯文本内容，可含下列元素：

    < ss > 可选，可多次出现。表示子句。详细说明见下文。

    < pack > 可选，可多次出现。表示包装。详细说明见下文。

    < ambi > 可选，可多次出现。表示歧义字段。详细说明见下文。

    < word > 可选，可多次出现。表示未登录词。详细说明见下文。

    < abs > 可选，可多次出现。表示独立语。详细说明见下文。

<phr>元素具有下列属性：

　　shedid　可选。表示该短语作为语义块被另外的句子所共享。取值为数字，其值与 shid 中的 n 对应。当多个被共享部分与一处对应时，shedid 的取值为 m-n，m 与 shid 中的 n 对应。

7. 句子

　　<s>元素

　　<s>元素表示句子（sentence），既可以是单句，也可以是复句的分句。

　　<s>元素可含纯文本内容，可含下列元素：

　　　　<jk>　可选，可多次出现。表示广义对象语义块。详细说明见下文：语义块。

　　　　<ek>　可选，只出现一次。表示特征语义块。详细说明见下文：语义块。

　　　　<fk>　可选，可多次出现。表示辅语义块。详细说明见下文：语义块。

　　　　<correl>　可选，可多次出现。表示句间关联语（correlative）。

　　　　<abs>　可选，可多次出现。表示独立语。详细说明见下文。

　　　　<sep>　可选。表示语义块的分离部分。详细说明见下文。

　　<s>元素具有下列属性：

　　　　code　必有。表示句类代码。不能用句类代码描述的非主谓句用 0EJ 表示。

　　　　form　可选。表示格式代码。默认为基本格式。

　　　　shid　可选。表示共享另外句子的语义块的序号（share id）。取值为 0、9 或 qn、hn。其中 0 表示找不到共享信息；9 表示共享信息比较复杂；q 和 h 分别表示共享前面或后面的句子的语义块；n 表示共享的序号，取值与 shedid（被共享的语义块的序号）的属性值对应。如果一个句子存在多处共享，那么按顺序书写，值与值之间用分号隔开。如：shid = " 0；q1；h2"。

　　　　shedid　可选。表示该句作为一个语义块被另外的句子所共享。详细说明见上文。

  tcode 可选。表示存在句类转换时转换前的句类代码 (transformed code)。

  8. 复句

   <cs>元素

   <cs>元素表示复句 (complex sentence)。

   <cs>元素可含纯文本内容,可含下列元素:

    <s> 必有,可多次出现。表示分句。详细说明见上文。

    <correl> 可选,可多次出现。表示句间关联词。

    <abs> 可选,可多次出现。表示独立语。

    <fk> 可选,可多次出现。表示辅语义块。详细说明见下文:语义块。

   <cs>元素具有下列属性:

    type 必有。表示复句的类型。取值为 1—5,分别表示简单共享句、迭句、链句、复杂共享句、无共享句。

  注:复杂共享句指一个语义块共享多个语义块或半个语义块,或半个语义块共享多个语义块的情况,暂未给出共享块的对应关系。

    shedid 可选。表示该复句作为语义块被另外的句子所共享。详细说明见上文。

  9. 子句

   <ss>元素

   <ss>元素表示子句 (subsentence),包括句蜕或块扩。

   <ss>元素可含纯文本内容,可含下列元素:

    <jk> 可选,可多次出现。表示广义对象语义块。详细说明见下文:语义块。

    <ek> 可选,只出现一次。表示特征语义块。详细说明见下文:语义块。

    <fk> 可选,可多次出现。表示辅语义块。详细说明见下文:语义块。

    <ss> 可选,表示子句。

    <correl> 可选,可多次出现。表示句间关联词。

    <abs> 可选,可多次出现。表示独立语。

    <sep> 可选。表示语义块的分离。详细说明见下文。

<ss>元素具有下列属性：

  type 必有。表示子句类型。取值为1—6，分别表示原型句蜕、要素句蜕、块扩、由复句充当的原型句蜕、要素句蜕和块扩。

  code 必有。表示句类代码。如果子句是由复句充当的，那么标为"C"。

  form 可选。表示格式代码。默认为基本格式。

  shid 可选。表示共享另外句子的语义块的序号。详见 s 元素的 shid 属性。

  shedid 可选。表示该子句作为一个语义块被另外的句子所共享。详细说明见上文。

  sepid 可选。表示语义块存在分离。取值为数字，其值与 sep 元素的 id 值对应。

  tcode 可选。表示存在句类转换时转换前的句类代码（transformed code）。

10. 包装

  <pack>元素

  <pack>元素表示包装成分。是修饰子句或被子句修饰的成分。

  <pack>元素可含纯文本内容，可含下列元素：

   <ss> 可选，可多次出现。表示子句。详细说明见上文。

   <pack> 可选，可多次出现。表示包装成分。

   <div> 可选，可多次出现。表示块级元素。详细说明见下文。

  <pack>元素具有下列属性：

   pos 必有。表示包装位置（position）。取值为"q"或"h"。前者表示位置在前，后者表示位置在后。

   of 可选。表示包装成分与句蜕中的某 jk 要素有领属关系：包装成分领有 jk。取值范围是1—3，表示 jk 的顺序号。

   shedid 可选。表示该语义块被另外的句子所共享。详细说明见上文。

11. 语义块

  <jk>元素

<jk>元素表示广义对象语义块（general object chunk）。

<jk>元素可含纯文本内容，可含下列元素：

  <ss> 可选，可多次出现。表示子句。详细说明见上文。

  <pack> 可选，可多次出现。表示包装成分。详细说明见上文。

  <abs> 可选，可多次出现。表示独立语。

  <sep> 可选。表示语义块的分离。详细说明见下文。

  <ambi> 可选，可多次出现。表示歧义字段。详细说明见下文。

  <word> 可选，可多次出现。表示未登录词。详细说明见下文。

  <div> 可选，可多次出现。表示块级元素。详细说明见下文。

<jk>元素具有下列属性：

  type 必有。表示广义对象语义块的顺序号。取值范围是1－3。

  conv 可选。表示主辅变换（convert）前的语义块类型。

  shedid 可选。表示该语义块被另外的句子所共享。详细说明见上文。

  sepid 可选。表示语义块存在分离。取值为数字，其值与sep元素的id值对应。

<ek>元素

<ek>元素表示特征语义块（eigen chunk）。

<ek>元素可含纯文本内容，可含下列元素：

  <ss> 可选，可多次出现。表示子句。详细说明见上文。

  <pack> 可选，可多次出现。表示包装成分。详细说明见上文。

  <epart> 可选，可多次出现。表示 Ek 的构成要素。详细说明见下文。

  <abs> 可选，可多次出现。表示独立语。

<sep>　　可选。表示语义块的分离。详细说明见下文。

<ambi>　可选,可多次出现。表示歧义字段。详细说明见下文。

<word>　可选,可多次出现。表示未登录词。详细说明见下文。

<div>　　可选,可多次出现。表示块级元素。详细说明见下文。

<ek>元素具有下列属性:

type　　可选。表示 Ek 的构成类型。用数字 1—6 表示,默认为 1。取值及含义如下:

1	E	简单构成
2	ΣEn	并合式构成
3	EQ + EH	组合式构成
4	EQ + E	高低搭配构成
5	E + EH	动静搭配构成
6	EQ + E + EH	高低动静搭配构成

shedid　可选。表示该语义块被另外的句子所共享。详细说明见上文。

sepid　可选。表示语义块存在分离。取值为数字,其值与 sep 元素的 id 值对应

<fk>元素

<fk>元素表示辅语义块(fu chunk)。

<fk>元素可含纯文本内容,可含元素,所含元素与<jk>同。详见<jk>元素。

<fk>元素具有下列属性:

type　　必有。表示辅语义块的类型。取值范围是[Ms, In, Wy, Re, Cn, Pr, Rt, RtB, RtC, ReB, ReC]。

conv　　可选。表示主辅变换(convert)前的语义块类型。

shedid　可选。表示该语义块被另外的句子所共享。详细说明见上文。

sepid　可选。表示该语义块存在分离。取值为数字,其值与 sep 元素的 id 值对应。如果该语义块存在多处分离,那么数字之间用分

号间隔。如：sepid = " 1；2"。

12. 独立语

<abs>元素

<abs>元素表示独立语（absolute），即句子里的某个实词或短语跟它前后别的词语没有结构关系、不互为成分，但又是语意上所必需的成分。包括插入语、称呼语、感叹语、拟声语等。

<abs>元素可含纯文本内容，不含属性，可含下列元素：

    <ss>　　可选，可多次出现。表示子句。详细说明见上文。

    <pack>　可选，可多次出现。表示包装。详细说明见上文。

    <ambi>　可选，可多次出现。表示歧义字段。详细说明见下文。

    <word>　可选，可多次出现。表示未登录词。详细说明见下文。

13. Ek 复合构成要素

<epart>元素

<epart>元素表示 Ek 的复合构成要素。

<epart>元素可含纯文本内容，可含下列元素：

    <epart>　可选，可多次出现。表示 Ek 构成要素。

    <ss>　　可选，可多次出现。表示子句。详细说明见上文。

    <pack>　可选，可多次出现。表示包装。详细说明见上文。

    <ambi>　可选，可多次出现。表示歧义字段。详细说明见下文。

    <word>　可选，可多次出现。表示未登录词。详细说明见下文。

<epart>元素具有下列属性：

    role　　必有。表示 Ek 构成要素所担当的角色。取值为"E"、"En"、"EQ"、"EH"。

14. 语义块分离

<sep>元素

<sep>元素表示分离出去的语义块（separate part）。

<sep>元素可含纯文本内容，可含下列元素：

  <jk> 可选，可多次出现。表示广义对象语义块。详细说明见上文：语义块。

  <ek> 可选，可多次出现。表示特征语义块。详细说明见上文：语义块。

  <fk> 可选，可多次出现。表示辅语义块。详细说明见上文：语义块。

  <ss> 可选，可多次出现。表示子句。详细说明见上文。

  <pack> 可选，可多次出现。表示包装成分。详细说明见上文。

  <abs> 可选，可多次出现。表示独立语。

  <epart> 可选，可多次出现。表示 Ek 构成要素。详细说明见上文。

  <ambi> 可选，可多次出现。表示歧义字段。详细说明见下文。

  <word> 可选，可多次出现。表示未登录词。详细说明见下文。

  <div> 可选，可多次出现。表示块级元素。详细说明见下文。

<sep>元素具有下列属性：

  id 必有。用来定位分离元素。取值为 qn、hn。其中 q 和 h 分别表示向前分离和向后分离；n 表示序号，其值与语义块元素的 sepid 对应。

15. 歧义字段

<ambi>元素

<ambi>元素只含纯文本内容，不含元素，具有下列属性：

  type 必有。取值为 1—2，前者表示层选模糊（交集型分词歧义 Crossing Ambiguities），后者表示伪词标记（组合型分词歧义 Combinatorial Ambiguity)。

16. 未登录词

< word > 元素

< word > 元素表示未登录词（unknown word）。

< word > 元素只含纯文本内容，不含元素，具有下列属性：

 type 必有。取值为 1—3，分别表示应登录新词、不需登录的体词性新词或短语（substantive）、不需登录的动词新词（predicative）。

17. 注释

< note > 元素

< note > 元素表示对标注的说明，只含纯文本内容，不含元素，具有下列属性：

 type 可选。取值为"hard"和"wrong"，分别表示疑难和病句。

18. 块级元素

< div > 元素

< div > 元素表示一个部分，可以包含段落、标题及其他任何语串等。

< div > 元素可含纯文本内容，可含规范中所定义的任何元素。

< div > 元素具有下列属性：

 shedid 可选。表示该部分作为语义块被另外的句子所共享。详细说明见上文。

 comb 可选。表示一个词语是由两个语义块组合而成的（combination）。取值范围是 jkn + ek, ek + jkn（n = 1—3）。

 conv 可选。表示主辅变换（convert）前的语义块类型。

附录 2　HNC 句子级语义标注语料库标注文档示例

< ? xml version = " 1.0" encoding = " GB2312"? >

< ? xml-stylesheet type = " text/xsl" href = " hnc_ corpus. xsl"? >

< text xmlns：xsi = " http：//www. w3. org/2001/XMLSchema-instance"
xsi：noNamespaceSchemaLocation = " hnc_ corpus. xsd" ver = " a1" >

 < head by = " 慕笛　望小玲" date = " 2005-11-11" style = " 1"

lang=" 1" title=" 歌溪" author=" 吴然" from=" 《幼芽》1982 年第 4 期" trans=" 望小玲" />
　　　　　<body>
　　　　　　　　<title level=" 0" >歌溪</title>
　　　　　　　　<para>
　　　　　　　　　　<！--jDJ 这｜｜是｜｜\一条<！24X20J 爱｜唱歌｜的溪流>/, -->
　　　　　　　　　　<s code=" jD" >
　　　　　　　　　　　　<jk type=" 1" >这</jk>
　　　　　　　　　　　　<ek>是</ek>
　　　　　　　　　　　　<jk type=" 2" >
　　　　　　　　　　　　　　<pack pos=" q" >一条</pack>
　　　　　　　　　　　　　　<ss type=" 2" code=" X20" form=" !24" >
　　　　　　　　　　　　　　　　<ek>爱</ek>
　　　　　　　　　　　　　　　　<jk type=" 2" >唱歌</jk>的<jk type=" 1" >溪流</jk>
　　　　　　　　　　　　　　</ss>
　　　　　　　　　　　　</jk>，</s>
　　　　　　　　　　<！--T3J 村里的人们｜｜叫｜｜它｜｜"歌溪"。-->
　　　　　　　　　　<s code=" D0" >
　　　　　　　　　　　　<jk type=" 1" >村里的人们</jk>
　　　　　　　　　　　　<ek>叫</ek>
　　　　　　　　　　　　<jk type=" 2" >它</jk>
　　　　　　　　　　　　<jk type=" 2" >"歌溪"</jk>。</s>
　　　　　　　　</para>
　　　　　　　　<para>
　　　　　　　　　　<！--S04J 歌溪的水｜｜多么清, -->
　　　　　　　　　　<s code=" S04" >
　　　　　　　　　　　　<jk type=" 1" shedid=" 1" >歌溪的水</jk>
　　　　　　　　　　　　<jk type=" 2" >多么清</jk>，</s>
　　　　　　　　　　<！--! 31S04J 多么凉啊! -->

　　　　　　　　< s code = " S04" form = "！31" shid = " q1" >
　　　　　　　　　　< jk type = " 2" >多么凉啊</jk >！</s >
　　　　　　　　<！--！21T2b3J 它｜｜从很远的山涧里｜｜流出
来,-->
　　　　　　　　< s code = " T2b3" form = "！11" >
　　　　　　　　　　< jk type = " 1" >它</jk >
　　　　　　　　　　< jk type = " 2" >从很远的山涧里</jk >
　　　　　　　　　　< ek >流出来</ek >,</s >
　　　　　　　　<！--jDJ 它的两岸｜｜,是｜｜浓密的树林。-->
　　　　　　　　< s code = " jD" >
　　　　　　　　　　< jk type = " 1" >它的两岸</jk >,
　　　　　　　　　　< ek >是</ek >
　　　　　　　　　　< jk type = " 2" >浓密的树林</jk >。</s >
　　　　　<//para >
　　　　　< para >
　　　　　　　　<！--（jD, S04）J + Cn ~有一段,｜｜它的水｜｜
是｜｜{！31S04J 银亮} 的,-->
　　　　　　　　< s code = " jD" tcode = " S04" >
　　　　　　　　　　< fk type = " Cn" >有一段</fk >
　　　　　　　　　　< jk type = " 1" shedid = " 2" >它的水</jk >
　　　　　　　　　　< ek >是</ek >
　　　　　　　　　　< jk type = " 2" >
　　　　　　　　　　　　< ss type = " 1" code = " S04" shid = " q2"
form = "！31" >
　　　　　　　　　　　　　　< jk type = " 2" >银亮</jk >
　　　　　　　　　　　　</ss >
　　　　　　　　　　</jk >的,</s >
　　　　　　　　<！--！31S0J 闪着｜｜光,-->
　　　　　　　　< s code = " S0" form = "！31" shid = " q2" >
　　　　　　　　　　< ek >闪着</ek >
　　　　　　　　　　< jk type = " 2" >光</jk >,</s >
　　　　　　　　<！--！3121T2b3J 从<！24S021J 长满｜苔藓｜的山

崖上＞｜｜跳下来，-->
    <s code = " T2b3" form = "！3111" shid = " q2" >
        <jk type = " 2" >
            <ss type = " 2" code = " S021" form = "！24" >
                <ek>长满</ek>
                <jk type = " 2" >苔藓</jk>的
                <jk type = " 1" >山崖上</jk>
            </ss>
        </jk>
        <ek>跳下来</ek>，</s>
<！--！31Y30J 溅起｜｜一蓬一蓬亮晶晶的水花。-->
<s code = " Y10" form = "！31" shid = " q2" >
    <ek>溅起</ek>
    <jk type = " 2" >一蓬一蓬亮晶晶的水花</jk>。</s>
<！--Y0J＋Cn 它｜｜~在那里｜｜积了｜｜很深的水潭。-->
    <s code = " Y0" >
        <jk type = " 1" >它</jk>
        <fk type = " Cn" >在那里</fk>
        <ek>积了</ek>
        <jk type = " 2" >很深的水潭</jk>。</s>
<！--jD00J 歌溪的这一段｜｜像｜｜一个调皮的、不懂事的孩子，-->
    <s code = " jD00" >
        <jk type = " 1" >歌溪的这一段</jk>
        <ek>像</ek>
        <jk type = " 2" >一个调皮的、不懂事的孩子</jk>，</s>
<！--S04J 它的歌声｜｜有点粗野。-->
    <s code = " S04" >

　　　　　< jk type = " 1" >它的歌声</jk >

　　　　　< jk type = " 2" >有点粗野</jk >。</s >

　　</para >

　　……

　　< para >

　　　　< ！--X20J + Cn ~有时候，｜｜我｜｜喜欢｜｜｛SJ一个人｜仰面朝天｝，-- >

　　　　　< s code = " X20" >

　　　　　　< fk type = " Cn" >有时候</fk >，< jk type = " 1" shedid = " 1" >我</jk >

　　　　　　< ek >喜欢</ek >

　　　　　　< jk type = " 2" >

　　　　　　　< ss code = " S" type = " 1" >

　　　　　　　　< jk type = " 1" >一个人</jk >

　　　　　　　　< ek >仰面朝天</ek >

　　　　　　　</ss >

　　　　　　</jk >，</s >

　　< ！--！31S02J 躺在｜｜水上，-- >

　　< s code = " S02" form = "！31" shid = " q1" >

　　　< ek >躺在</ek >

　　　< jk type = " 2" >水上</jk >，</s >

　　< ！--！31X20J 任凭｜｜｛！32S0J 歌溪｜载着｝，-- >

　　< s code = " X20" form = "！31" shid = " q1" >

　　　< ek >任凭</ek >

　　　< jk type = " 2" >

　　　　< ss code = " S0" type = " 1" form = "！32" >

　　　　　< jk type = " 1" >歌溪</jk >

　　　　　< ek >载着</ek >

　　　　</ss >

　　　</jk >，</s >

　　< ！--！31SP*11J 随意漂流。-- >

```
            <s code = " SP*11" form = "！31" shid = " q1" >
                <ek>随意漂流</ek>。</s>
<！--T2b3J 我｜｜穿过｜｜浓密的树阴，-->
            <s code = " T2b3" >
                <jk type = " 1" >我</jk>
                <ek>穿过</ek>
                <jk type = " 2" >浓密的树阴</jk>，</s>
<！--XS*22J 柔软的柳条｜｜拂着｜｜我的脸，-->
            <s code = " XS*22" >
                <jk type = " 1" >柔软的柳条</jk>
                <ek>拂着</ek>
                <jk type = " 2" >我的脸</jk>，</s>
<！--！31XYJ 无比的凉爽｜｜使｜｜我｜｜[#！
31X20S*11J 有些害怕#]。-->
            <s code = " XY" >
                <jk type = " 1" >无比的凉爽</jk>
                <ek>使</ek>
                <jk type = " 2" shedid = " 1" >我</jk>
                <jk type = " 3" >
                    <ss code = " X20S*11" type = " 3" form = "！
31" shid = " q1" >
                        <ek>有些害怕</ek>
                    </ss>
                </jk>。</s>
<！--！31XJ 稍稍闭一下｜｜眼睛，-->
            <s code = " X" form = "！31" shid = " q1" >
                <ek>稍稍闭一下</ek>
                <jk type = " 2" >眼睛</jk>，</s>
<！--！31T2b3J 穿过｜｜树阴，-->
            <s code = " T2b3" form = "！31" shid = " q1" >
                <ek>穿过</ek>
                <jk type = " 2" >树阴</jk>，</s>
```

```
<！--T19J 我｜｜看着｜｜湛蓝的天空，-->
<s code=" T19" >
    <jk type=" 1" >我</jk>
    <ek>看着</ek>
    <jk type=" 2" >湛蓝的天空</jk>，</s>
<！--S04J 一团一团的云朵，｜｜白得耀眼，-->
<s code=" S04" >
    <jk type=" 1" shedid=" 2" >一团一团的云朵</jk>，<jk type=" 2" >白得耀眼</jk>，</s>
<！--！31T2bS*11J 在慢慢地移动。-->
<s code=" T2bS*11" form="！31" shid=" q2" >
    <ek>在慢慢地移动</ek>。</s>
<！--S0J 两岸｜｜闪着｜｜太阳的金光，-->
<s code=" S0" >
    <jk type=" 1" >两岸</jk>
    <ek>闪着</ek>
    <jk type=" 2" >太阳的金光</jk>，</s>
<！--T31S*11J 鸟儿｜｜唱着，-->
<s code=" T31S*11" >
    <jk type=" 1" >鸟儿</jk>
    <ek>唱着</ek>，</s>
<！--T31S*11J 知了｜｜叫着，-->
<s code=" T31S*11" >
    <jk type=" 1" >知了</jk>
    <ek>叫着</ek>，</s>
<！--T31S*11J 同伴们｜｜欢笑着。-->
<s code=" T31S*11" >
    <jk type=" 1" >同伴们</jk>
    <ek>欢笑着</ek>。</s>
<！--P0S*10J 我｜｜不由得一个翻身，-->
<s code=" P0S*10" >
    <jk type=" 1" shedid=" 3" >我</jk>
```

     \<ek\>不由得一个翻身\</ek\>，\</s\>
    \<! --! 31X20J + Cn 想｜｜［#! 31R0114J 一把抱住｜歌溪#］………--\>
    \<s code = " X20" form = "! 31" shid = " q3" \>
     \<ek\>想\</ek\>
     \<jk type = " 2" \>
      \<ss code = " R0114" type = " 1" form = "! 31" shid = " q3" \>
       \<ek\>一把抱住\</ek\>
       \<jk type = " 2" \>歌溪\</jk\>
      \</ss\>
     \</jk\>……\</s\>
  \</para\>
  \<para\>
    \<! --T0J 歌溪啊，你｜｜给了｜｜我们｜｜多少欢乐! --\>
    \<s code = " T0" \>
     \<jk type = " 1" \>歌溪啊，你\</jk\>
     \<ek\>给了\</ek\>
     \<jk type = " 2" \>我们\</jk\>
     \<jk type = " 3" \>多少欢乐\</jk\>! \</s\>
  \</para\>
 \</body\>
\</text\>

参考文献

[1] [美] Elliotte Rusty Harold:《XML 宝典（第二版）》，马云等译，电子工业出版社 2002 年版。

[2] [英] Mark Birbeck 等:《XML 高级编程（第 2 版）》，裴剑锋等译，机械工业出版社 2002 年版。

[3] Biber, D., Conrad, S., Reppen, R., *Corpus linguistics*, Cambridge: Cambridge University Press, 1998.

[4] Chomsky, N., *Aspects of the theory of syntax*, Cambridge, Mass: MIT Press, 1965.

[5] Chomsky, N., *Syntactic structures*, Mouton & Co, Printers, The Hague, 1957.

[6] Chomsky, N., *The logical structure of linguistics theory*, New York: Plenum Press, 1975.

[7] Fillmore, C., *The case for case*, New York: Holt, Rinehart and Winston, 1968.

[8] Geoffery Leech, *Corpus annotation schemes*, Literary and Linguistic Computing, 1993.

[9] Graeme Kennedy, *An introduction to corpus linguistics*, Beijing: Foreign Language Teaching and Research Press, 2000.

[10] Kennedy, G., *An introductio to corpus linguistics*, Addison Wesley Longman Ltd, 1998.

[11] Schank, R. C., *Conceptual information processing*, Amsterdam: North-Holland, 1975.

[12] Schank, R. C., *Dynamic memory*, Cambridge: Cambridge University Press, 1982.

[13] Schank, R. C., and R. Abelson, *Scripts, plans, goals, and under-*

standing, Hillsdale, NJ: Lawrence Eribaum Assoc, 1977.

［14］ Thomas and Short, *Using corpora for language research*, Beijing: Foreign Language Teaching and Research Press, 2001.

［15］ 常平梅、李冠宇、张俊:《基于本体集成的语义标注模型设计》,载《计算机工程与设计》2010 年第 5 期。

［16］ 陈波、姬东鸿、吕晨:《基于特征结构的汉语联动句语义标注研究》,载《中文信息学报》2013 年第 5 期。

［17］ 陈昌来:《现代汉语动词的句法语义属性研究》,学林出版社 2002 年版。

［18］ 陈嘉映:《语言哲学》,北京大学出版社 2003 年版。

［19］ 陈建生:《关于语料语言学》,载《国外语言学》1997 年第 1 期。

［20］ 陈军:《可能性语义表示与自然语言理解》,博士学位论文,北京师范大学,1990 年。

［21］ 陈倩:《句组研究的历史与现状》,载《华南师范大学学报》(社会科学版) 2002 年第 5 期。

［22］ 池毓焕:《HNC 说"的"》,载《第二届 HNC 与语言学研讨会论文集》,2004 年。

［23］ 池毓焕:《汉语动词形态困扰的分析与处理》,博士学位论文,中国科学院声学研究所,2005 年。

［24］ 池毓焕:《黄曾阳先生语料库思想概述》,载《第一届学生计算语言学研讨会论文集》,2002 年。

［25］ 池毓焕:《试论 HNC 标注语料库的构建》(http://www.hcnnlp.com)。

［26］ 崔刚、盛永梅:《语料库中语料的标注》,载《清华大学学报》(哲学社会科学版) 2000 年第 1 期。

［27］ 邓志鸿、唐世渭、张铭、杨冬青、陈捷:《Ontology 研究综述》,载《北京大学学报》(自然科学版) 2002 年第 5 期。

［28］ 丁信善:《语料库语言学的发展及研究现状》,载《当代语言学》1998 年第 1 期。

［29］ 董振东、董强:《知网和汉语研究》,载《当代语言学》2001 年第 1 期。

［30］ 杜小勇、李曼、王大治:《语义 Web 与本体研究综述》,载《计算机应用》2004 年第 10 期。

［31］ 段慧明、松井久仁於、徐国伟等:《大规模汉语标注语料库的制作

与使用》，载《语言文字应用》2000 年第 2 期。

[32] 范晓：《汉语的句子类型》，书海出版社 1998 年版。

[33] 范晓：《句模、句型和句类》，载《语言研究和探索》七，商务印书馆 1995 年版。

[34] 冯志伟：《汉语句子描述中的复杂特征》，载《中文信息学报》1990 年第 3 期。

[35] 冯志伟：《汉语语句的多义多标记树形图分析法》，载《人工智能学报》1983 年第 2 期。

[36] 冯志伟：《计算语言学基础》，商务印书馆 2001 年版。

[37] 冯志伟：《中国语料库研究的历史与现状》，载《汉语语言与计算学报》2002 年第 2 期。

[38] 傅承德：《自然语言理解的方法与策略》，河南人民出版社 2000 年版。

[39] 顾曰国：《语料库与语言研究——兼编者的话》，载《当代语言学》1998 年第 1 期。

[40] 郭锡良、李玲璞等：《古代汉语》，语文出版社 2000 年版。

[41] 郝晓燕：《汉语框架网络工程构建及应用》，电子工业出版社 2011 年版。

[42] 何安平：《谈语料库研究》，载《外国语》1997 年第 5 期。

[43] 何安平：《谈语料库语言学应用的新发展》，载《外国语》2001 年第 2 期。

[44] 何婷婷：《语料库研究》，博士学位论文，华中师范大学，2003 年。

[45] 黄昌宁、陈祖舜：《关于语义辞典构造的一些初步设想》，载《中文信息学报》1988 年第 3 期。

[46] 黄昌宁、李涓子：《语料库语言学》，商务印书馆 2002 年版。

[47] 黄昌宁、苑春法、潘诗梅：《语料库、知识获取和句法分析》，载《中文信息学报》1992 年第 3 期。

[48] 黄昌宁、张小风：《自然语言处理的三个里程碑》，载《外语教学与研究》2000 年第 3 期。

[49] 黄昌宁：《统计语言模型能做什么》，载《语言文字应用》2002 年第 1 期。

[50] 黄国文：《语篇分析概要》，湖南教育出版社 1988 年版。

[51] 黄建传、宋柔:《标点句标注研究》,载《内容计算的研究与应用前沿——第九届全国计算语言学学术会议论文集》,清华大学出版社2007年版,第350—355页。

[52] 黄曾阳、杜燕玲、雒自清等:《句群标注与分析》(http://www.hncnlp.org)。

[53] 黄曾阳、张全、雒自清等:《语句语义类型语料库标注规范》(http://www.hncnlp.org)。

[54] 黄曾阳:《HNC(概念层次网络)理论》,清华大学出版社1998年版。

[55] 黄曾阳:《HNC理论概要》,载《中文信息学报》1997年第4期。

[56] 黄曾阳:《HNC理论与自然语言语句的理解》,载《中国基础科学》1999年第2期。

[57] 黄曾阳:《语言概念空间的基本定理和数学物理表示式》,海洋出版社2004年版。

[58] 黄曾阳:《自然语言理解处理的20项难点及其对策》(http://www.hncnlp.com)。

[59] 贾彦德:《汉语语义学》,北京大学出版社1999年版。

[60] 晋耀红、张全、杜燕玲:《HNC的句类分析与传统的句法分析的比较研究》,载《1998中文信息处理国际会议论文集》,清华大学出版社1998年版。

[61] 晋耀红、张全、杜燕玲:《汉语句类分析系统》,载《HNC与语言学研究》,武汉理工大学出版社2001年版,第257—263页。

[62] 晋耀红:《HNC(概念层次网络)语言理解技术及其应用》,科学出版社2006年版。

[63] 晋耀红:《HNC句类分析的"自知之明"》,载《HNC与语言学研究》,武汉理工大学出版社2001年版。

[64] 靳光瑾、肖航、富丽等:《现代汉语语料库建设及深加工》,载《语言文字应用》2006年第2期。

[65] 靳光瑾:《现代汉语动词语义计算理论》,北京大学出版社2001年版。

[66] 靳光瑾编译:《计算语言学视窗》,北京广播学院出版社2003年版。

[67] 亢世勇、许小星:《现代汉语句系系统的构建和研究》,载《中文信

息学报》2010 年第 1 期。

[68] 李良炎：《新的句法标注模型》，载《重庆大学学报》（社会科学版）2007 年第 3 期。

[69] 李向阳、张亚非：《基于语义标注的信息抽取》，载《解放军理工大学学报》（自然科学版）2004 年第 4 期。

[70] 李颖、池毓焕：《基于机器翻译的原型句蜕及其包装研究》，载《装甲兵工程学院学报》2003 年第 3 期。

[71] 李颖、王侃、池毓焕：《面向汉英机器翻译的语义块构成变换》，科学出版社 2009 年版。

[72] 李宇明：《语料库中语言知识的标记问题》，载《第二届 HNC 与语言学研讨会论文集》，海洋出版社 2004 年版。

[73] 刘华：《基于关键短语的文本内容标引研究》，博士学位论文，北京语言大学，2005 年。

[74] 刘连元：《现代汉语语料库研制》，载《语言文字应用》1996 年第 3 期。

[75] 刘盈盈、罗森林、冯扬等：《BFS-CTC 汉语句义结构标注语料库》，载《中文信息学报》2013 年第 1 期。

[76] 陆俭明：《词的具体意义对句子意思理解的影响》，载《汉语学习》2004 年第 2 期。

[77] 陆俭明：《关于句处理中所要考虑的语义问题》，载《语言研究》2001 年第 1 期。

[78] 罗振声：《清华大学 TH 大型通用汉语语料库系统的研制》，载《清华大学学报》（哲学社会科学版）1996 年第 1 期。

[79] 毛平：《基于领域本体的文本信息语义检索研究》，南京理工大学 2007 年版。

[80] 梅家驹、高蕴琦：《语义形式化的研究》，载 "Communication of CO-CLIPS" 1992 年第 4 期。

[81] 苗传江、刘智颖：《现代汉语语料的句子级语义标注》，载《语言计算与基于内容的文本处理——全国第七届计算语言学联合学术会议论文集》，清华大学出版社 2003 年版。

[82] 苗传江：《基于 HNC 句类体系的句子语义研究》，载《语言文字应用》2006 年第 1 期。

[83] 缪建明、张全:《HNC 理论的语句格式的新进展》,载《计算机科学》2006 年第 5 期。
[84] 潘永樑:《语料库语言学的目的和方法》,载《解放军外国语学院学报》2001 年第 2 期。
[85] 时念云、杨晨:《基于领域本体的语义标注方法研究》,载《计算机工程与设计》2007 年第 24 期。
[86] 宋柔:《汉语叙述文中的小句前部省略现象初析》,载《中文信息学报》1992 年第 3 期。
[87] 陶皖、李平、廖述梅:《当前基于本体的语义标注工具的分析》,载《安徽工程科技学院学报》(自然科学版)2005 年第 2 期。
[88] 王厚峰:《指代消解的基本方法和实现技术》,载《中文信息学报》2002 年第 6 期。
[89] 王建新:《谈谈英语国家语料库的设计与内容》,载《解放军外国语学院学报》1999 年第 S1 期。
[90] 王建新:《语料库语言学发展史上的几个重要阶段》,载《外语教学与研究》1998 年第 4 期。
[91] 温宾利:《当代句法学导论》,外语教学与研究出版社 2002 年版。
[92] 吴晨、张全:《自然语言处理中句群划分及其判定规则研究》,载《计算机工程》2007 年第 4 期。
[93] 吴为章:《"动词中心说"及其深远影响》,载《语言研究》1994 年第 1 期。
[94] 萧国政、胡惮:《信息处理的汉语语义资源建设现状分析与前景展望》,载《长江学术》2007 年第 2 期。
[95] 萧国政:《汉语语法研究论》,华中师范大学出版社 2001 年版。
[96] 谢法奎、张全、袁毅:《基于 HNC 理论的语义标注语料库》,载《内容计算的研究与应用前沿——第九届全国计算语言学学术会议论文集》,清华大学出版社 2007 年版。
[97] 谢法奎、张全:《HNC 语义标注模型的构建》,载《计算机科学》2009 年第 5 期。
[98] 邢福义:《汉语复句研究》,商务印书馆 2001 年版。
[99] 徐波、孙茂松、靳光瑾:《中文信息处理若干重要问题》,科学出版社 2003 年版。

[100] 徐赤裔、何克抗：《中文语料库的表格式查询语言》，载《中文信息学报》1988 年第 2 期。

[101] 徐烈炯：《语义学》，语文出版社 1995 年版。

[102] 许嘉璐：《未成集——论新时期语言文字工作》，语文出版社 2000 年版。

[103] 许嘉璐：《未了集——许嘉璐讲演录》，贵州人民出版社 2002 年版。

[104] 许嘉璐：《现状和设想——试论中文信息处理与现代汉语研究》，载《中国语文》2000 年第 6 期。

[105] 许智坚：《语料库资源共享平台探析》，载《龙岩学院学报》2007 年第 2 期。

[106] 杨伯峻：《古汉语虚词》，中华书局 1981 年版。

[107] 杨惠中：《语料库语言学导论》，上海外语教育出版社 2002 年版。

[108] 尤昉、李涓子、王作英：《基于语义依存关系的汉语语料库的构建》，载《中文信息学报》2003 年第 1 期。

[109] 俞士汶、段慧明、朱学锋等：《北京大学现代汉语语料库基本加工规范》，载《中文信息学报》2002 年第 5 期。

[110] 俞士汶：《语法知识在语言信息处理研究中的作用》，载《语言文字应用》1997 年第 4 期。

[111] 袁毓林：《汉语动词的配价研究》，江西教育出版社 1998 年版。

[112] 张普：《信息处理用现代汉语语义分析的理论与方法》，载《中文信息学报》1991 年第 3 期。

[113] 张全、吴晨、韦向峰：《汉语句间成分共享类型及分布研究》，载《计算机科学》2007 年第 1 期。

[114] 张全：《HNC 语料库标注体系浅识》，载《第二届 HNC 与语言学研究论文集》，海洋出版社 2004 年版。

[115] 张全：《HNC 语料库的作用》，载《第二届 HNC 与语言学研究论文集》，海洋出版社 2004 年版。

[116] 张全：《基于句类的因特网语言知识处理》，载《第二届 HNC 与语言学研究论文集》，海洋出版社 2004 年版。

[117] 张全：《简明状态句句类特点浅析》，载《HNC 与语言学研究》，武汉理工大学出版社 2001 年版。

[118] 张全：《浅识省略句》，载《第二届 HNC 与语言学研究论文集》，海洋出版社 2004 年版。

[119] 张全：《时间概念短语初探》，载《HNC 与语言学研究》，武汉理工大学出版社 2001 年版。

[120] 张瑞朋：《现代汉语书面语中跨标点句句法关系约束条件的研究》，博士学位论文，北京语言大学，2007 年。

[121] 张玉芳、张泓博、熊忠阳：《语义相似度计算在语义标注中的应用》，载《计算机工程与应用》2013 年第 4 期。

[122] 张泽宇、李莉、谭凤等：《基于语义的文档标注方法研究》，载《计算机工程与科学》2013 年第 9 期。

[123] 郑逢斌：《关于计算机理解自然查询语言的研究》，博士学位论文，西南交通大学，2004 年。

[124] 郑贵友：《汉语篇章分析的兴起与发展》，载《汉语学习》2005 年第 5 期。

[125] 郑艳群：《语料库技术在汉语教学中的应用透视》，载《语言文字应用》2013 年第 1 期。

[126] 钟守满：《格语法与当代语义分析理论》，载《江西师范大学学报》（哲学社会科学版）2000 年第 3 期。

[127] 周红：《自然语言理解中的语义分析问题》，载《滨州师专学报》2001 年第 3 期。

[128] 周强、孙茂松、黄昌宁：《汉语句子的组块分析体系》，载《计算机学报》1999 年第 1 期。

[129] 周强、张伟、俞士汶：《汉语树库的构建》，载《中文信息学报》1997 年第 4 期。

[130] 周强：《汉语句法树库标注体系》，载《中文信息学报》2004 年第 4 期。

[131] 周一民：《现代汉语》，北京师范大学出版社 2010 年版。

[132] 朱德熙：《"的"字结构和判断句》，载《中国语文》1978 年第 1 期。

[133] 朱德熙：《说"的"》，载《中国语文》1961 年第 12 期。

[134] 朱德熙：《语法讲义》，商务印书馆 1982 年版。

[135] 朱晓亚：《现代汉语句模研究》，北京大学出版社 2001 年版。

后　　记

本书即将付梓，笔者感慨万千，是感动，是感谢，是感恩。

本书脱胎于笔者的博士学位论文，在此基础上不断完善修改，又经数载，才终于完成书稿。在此期间，感谢身边所有的人给我提供的帮助，使我能对论文引发更深的思考，不断锤炼，精益求精，克服重重困难，最终完成此书。

感谢导师许嘉璐先生。许先生高屋建瓴，忧国忧民，站在国家利益的角度上，准确把握中文信息处理的脉搏。指出，现在前沿领域的科学研究的话语权绝大部分不在我们手里，但是中文信息处理是以我们的母语作为研究对象，没有人比我们更了解自己的语言，作为中国人，我们有责任也有能力争夺中文信息处理的话语权，占领中文信息处理的制高点。鞭策我们要时刻铭记自己的使命和责任，为中文信息处理事业添砖加瓦。先生的话字字饱含着对国家对汉语的热爱，也饱含着对中文信息处理学子深深的期望。每每想起先生的教诲，心里总会充满向上的力量，激励我在中文信息处理的道理上不断前行。

感谢HNC（概念层次网络）理论的创始人黄曾阳先生，黄先生深邃的思想，渊博的知识，以及在学术上潜心钻研的治学态度使人难以望其项背。黄先生创立的HNC理论为中文信息处理领域开创了一条新路，我能有幸在该理论诞生之初就开始学习，并深深地爱上它，到现在已经十五年了，每次阅读黄先生的理论和文章，都能从中感受到字里行间闪烁的思想光芒。黄先生以七十高龄，仍然每天坚持工作六小时以上，为《HNC理论全书》的写作倾注自己的心血，让我们晚辈钦佩不已。黄先生鼓励后学，将自己的研究成果毫无保留地奉献出来与之分享，真正体现了学术无界的高尚精神。黄先生在送我的《HNC理论全书（残缺抛砖版）》上，更是留下了"语超非幻，莫让须眉"的赠语，是黄先生对我极大的鼓舞和勉励。祝黄先生的《HNC理论全书》早日问世。

感谢北京师范大学中文信息处理研究所的朱小健老师。朱老师的严谨、敬业感染着所里的每一位老师和同学。在我工作和学习期间，给了我很多关心和照顾。在我写作过程中的各个阶段都给了很多有益的指导和帮助。

感谢已故的中国人民大学教授林杏光先生。是林先生将我引入HNC理论研究的领域，让我有幸接触了这一先进的学术思想和理论。林先生平易近人，爱生如子，对我学习和生活的关怀也让我永生难忘。

感谢苗传江老师。自从我1999年开始踏入HNC理论研究领域以来，就一直和苗老师一起工作。十年来，苗老师作为我的师兄和同事，从工作上和生活上都给了我极大的关心和照顾，帮助我克服了工作上和生活上的种种困难。

感谢晋耀红老师。晋老师在工作中给予我很大帮助，对我的书稿提出了很多有益的建议，此书能够出版离不开晋老师的支持和鼓励。

感谢姚喜双、陈绂、张和生、朱瑞平、池毓焕、李颖、唐兴全、王宏丽等诸位老师，以及感谢HNC团队的所有同事。